Quem atirou Portugal para o lixo?

Quem atirou Portugal para o lixo?

AGÊNCIAS DE RATING – O QUE SÃO, COMO FUNCIONAM

Carla Pedro

2012

QUEM ATIROU PORTUGAL PARA O LIXO?
AUTOR
Carla Pedro
EDITOR
CONJUNTURA ACTUAL EDITORA, S.A.
Sede: Rua Fernandes Tomás, 76-80, 3000-167 Coimbra
Tel.: 239 851 904 · Fax: 239 851 901
Delegação: Rua Luciano Cordeiro, 123, 1º Esq., 1069-157 Lisboa
Tel.: 213 190 240 · Fax: 213 190 249
www.actualeditora.pt
DESIGN DE CAPA
FBA.
PRÉ-IMPRESSÃO
EDIÇÕES ALMEDINA, S.A.
IMPRESSÃO E ACABAMENTO
TIPOGRAFIA LOUSANENSE, LDA.

Fevereiro, 2012
DEPÓSITO LEGAL
341178/12

Os dados e as opiniões inseridos na presente publicação são da exclusiva responsabilidade do(s) seu(s) autor(es).
Toda a reprodução desta obra, por fotocópia ou outro qualquer processo, sem prévia autorização escrita do Editor, é ilícita e passível de procedimento judicial contra o infrator.

 GRUPOALMEDINA Coimbra · Lisboa · São Paulo

BIBLIOTECA NACIONAL DE PORTUGAL – CATALOGAÇÃO NA PUBLICAÇÃO
PEDRO, Carla
Quem atirou Portugal para o lixo? : agências
de rating : o que são, como funcionam
ISBN 978-989-694-018-8
CDU 338
      336

PREFÁCIO

Com três letrinhas apenas...

Era já fim da tarde em Lisboa. Há meses que os cortes de "rating" eram notícia em toda a Europa, e em Portugal, mas não passava pela cabeça de ninguém a notícia que estava para ser conhecida. "Junk", nós? Lixo?! A Moody's apanhou o País de surpresa, fazendo a dívida soberana portuguesa descer quatro "degraus" de uma vez. "Um murro no estômago", diria o primeiro-ministro. Para não dizer outra coisa.

Foi a 5 de Julho de 2011. Era terça-feira, Feira da Ladra, e como a rapariga da música de Sérgio Godinho, descia-se uma escada quatro a quatro para "vender mágoas ao desbarato", "juras falsas, amargura, ilusões, trapos e cacos e contradições". Nesse final de dia, sentei-me para escrever o editorial do Negócios. Como de costume, comecei pelo título: "You Bastards". Escrevi-o num foguete. Porque tudo era óbvio para mim. Aquele corte não fazia sentido. Não naquela extensão. Não naquela altura. Porque Portugal estava precisamente a iniciar um caminho de recuperação, não de perdição.

Os primeiros meses do ano haviam sido férteis em loucuras, o Estado estivera à beira de não ter financiamento, os bancos já não o tinham se não pela assistência do Banco Central Europeu, inventou-se uma irresponsável crise política, tudo se encaminhava para o desastre na lenta velocidade da negação. Mas naquele mês de Julho as coisas haviam mudado. Havia um novo Governo de maioria absoluta; havia um acordo externo assinado pelos três maiores partidos; a austeridade ia começar. Mas o corte de "rating" mudou tudo – piorou tudo.

As agências de notação de risco, as três maiores do mundo, sabem do poder de que dispõem. Mais que pitonisas, elas produzem profecias que se autorrealizam. Porque são credíveis para os credores, mesmo ante a fúria dos devedores. E isso prolonga a sua eficácia. Mesmo assim, os efeitos dos seus cortes foram inicialmente desvalorizados em Portugal, mesmo pelos Governos. A questão foi tratada como se apenas de dignidade se tratasse. Criou-se inicialmente a ilusão de que, como tínhamos garantido um empréstimo externo de 78 mil milhões de euros, os cortes de "rating" seriam razoavelmente geridos pelo menos até 2013, uma vez que Fundo Monetário Internacional, Comissão Europeia e Banco Central Europeu substituiriam os mercados financeiros. Era uma perceção falsa. Porque os cortes de "rating" para "lixo" (depois da Moody's, a Fitch e a Standard & Poor's tomariam semelhante decisão) teriam impactos laterais que rapidamente seriam conhecidos. Não eram só as taxas de juro portuguesas que subiam, mas também as de todas as empresas e bancos portugueses. Mas mais: num país em que a dívida é sobretudo externa e sobretudo contraída através da banca, os cortes de "rating" derretem a qualidade dos colaterais aceites pelos credores, pelo que é necessário reforçar as garantias, esgotando-as. Finalmente: o corte do "rating" para um nível abaixo da linha de água permitiu abrir os contratos de empréstimos dos bancos estrangeiros a empresas públicas, largadas sem crédito quase de um dia para o outro, atiradas para a jangada já sobrepovoada dos bancos portugueses.

O corte de "rating" da Moody's, em Julho, produziu no entanto outro fenómeno: o da popularidade, o do quase nacionalismo exacerbado: toda a gente começou a falar de agências de notação de risco. A jornalista Carla Pedro foi observadora atenta desse fenómeno, quando começou a reportar diariamente as iniciativas, debates e extroversões nas redes sociais. E assim, de repente, um tema da "alta finança" passou a ser discutido por toda a gente. Inesperadamente, o editorial "You Bastards" foi então o mais lido de sempre do Negócios. Apareceram t-shirts estampadas com gritos contra a Moody's, vídeos de celebração de Portugal, uma histeria pela dignidade nacional, a união de um país contra um inimigo externo.

As agências de "rating" são um subproduto da globalização dos mercados financeiros. Essa globalização trouxe inúmeras vantagens e inúmeros riscos. E uma velocidade financeira inesperada. Antes, credores e devedores conheciam-se. Primeiro cara a cara, depois pelo menos institucionalmente. Ninguém emprestava a quem não conhecesse, a quem não tivesse reputação e provas dadas. Mas a globalização do sistema financeiro permitiu que um português quisesse comprar casa e, através de uma rede de financiamentos instantâneos e impossíveis de detalhar, tivesse um chinês a fornecer-lhe o dinheiro necessário a troco de juro baixo. E assim o mundo todo passou a pedir e a conceder crédito sem rostos pelo meio, em velocidades estonteantes, otimizando todas as necessidades e todas as disponibilidades globais. A utopia financeira concretizava-se. Mas havia uma peça fundamental nesse novo mapa-mundi de investidores e devedores desconhecidos: as agências de "rating". Passaram a ser elas a medir o risco de todos para todos, e assim desconhecidos passaram a transacionar com desconhecidos, bastando-lhes, para viabilizar o negócio, três letrinhas apenas. Não as três letrinhas de João de Deus, pois os mercados não têm pai nem mãe nem filhos legítimos, mas três letras apenas, que não formam sequer uma palavra, mas sim uma conjugação esdrúxula de ás, bês, cês e às vezes dês, com mais e menos à frente. E assim se sintetizam povos.

Hoje é claro: os bancos delegaram o que era lhes era vital: a análise de risco. Essa subcontratação, devidamente desresponsabilizada, permitiu o escândalo do "subprime" nos Estados Unidos, exportado para todo o mundo em finas fatias de um bolo estragado que supostamente se dissolveria em carteiras de ativos de qualidade. Um grão de sal não salga um rio. Mas não era um grão, era uma tempestade de areia o que varreria o sistema financeiro do mundo ocidental, quebrando bancos comerciais e até países, mas não os bancos de investimento que providenciaram as soluções financeiras envenenadas nem as agências de "rating" que falsificaram os atestados de validade.

As agências são difíceis de "desinventar", a Europa e os Estados Unidos estão demasiado endividados para grandes desafios ao sistema de que dependem. Por isso a própria Europa tarda em interromper os cordões com que se amarrou às agências que minam a sua credibilidade. Por isso poucos fazem as perguntas mais temidas: se as agências são incompetentes ou mal-intencionadas; se são instrumentos em guerras ocultas mas poderosas entre moedas e entre blocos económicos. Uma coisa parece clara: as agências de notação de dívida falham na prosperidade e são inimputáveis na recessão. Fazem parte de um sistema que aprisionou os endividados. E tornaram-se inexpugnáveis à política. Mas não às críticas, às dúvidas, às inquietações – e a trabalhos como este da Carla Pedro, num livro onde se percebe que não há justiça nos mercados, mas há moral nas pessoas que lá andam.

PEDRO SANTOS GUERREIRO
Fevereiro de 2012

Introdução

Imagine-se a conduzir um carro, numa estrada larga, sem grande trânsito. Está um dia bonito e a paisagem convida à tranquilidade. Ouve as suas músicas preferidas enquanto conduz e a vida parece-lhe perfeita. Mas, subitamente, sente o carro a fugir. Consegue controlá-lo, encosta à berma e vê que tem um pneu furado. Mas não há de ser isso que lhe vai estragar o dia. Muda o pneu e procura o parque de estacionamento do centro comercial mais próximo. Quer ir almoçar e recuperar energias para o resto da viagem.

Chega ao parque. O primeiro nível é só para carros com os quatro pneus originais. Tem de procurar lugar no nível inferior, o -1. Contudo, ao descer, calcula mal uma curva apertada, bate num pilar e estraga o para-choques. Já não lhe é permitido estacionar naquele piso e tem de descer mais um nível.

Ao tentar estacionar no -2, roça num carrinho de compras por ali perdido e faz uma mossa na porta. Já não pode estacionar nesse nível, uma vez que só podem lá estar carros sem uma beliscadura na pintura. Tem de descer novamente. As mudanças custam a entrar, a caixa de velocidades já não funciona como deve ser. E, infelizmente, no piso -3 não aceitam carros com problemas mecânicos.

Desce mais um piso. Ao chegar, com tantas manobras, o motor aqueceu e acaba de gripar. Desesperado, sai do carro. Um segurança do parque aproxima-se e diz-lhe que os carros com avarias graves têm de continuar a descer e estacionar no último nível. Vai empurrando o carro e pensando nos custos que terá na oficina e nos sacrifícios financeiros que terá de fazer para o recuperar, enquanto o segurança pensa para consigo mesmo: "desconfio que este carro só para na sucata".

Imagine que Portugal é este carro... que desceu, desceu, desceu, até chegar a um nível que se chama lixo. Caiu abaixo do patamar em que se assume que um país tem capacidade para honrar os seus compromissos financeiros. Entrou numa escala de classificação em que já se considera estar numa fase de elevado risco de incumprimento, ou seja, é grande a probabilidade de não honrar integralmente o pagamento das suas dívidas.

Mas o que é, afinal, esse território de lixo? Que rating é esse? Antes de mais, o que são ratings? Quem os atribui e como? De que modo podem influenciar a economia de um país? Este livro pretende responder a estas e outras questões, de forma simples, num percurso com algumas paragens para se abastecer com outros temas relacionados com as agências de rating – que também recebem a designação de agências de notação financeira, de notação de risco de crédito, de notação da dívida, de classificação de risco ou de avaliação de risco.

Sente-se. A viagem vai começar.

1. O que são agências de rating

5 de julho de 2011. Mais um corte do rating de Portugal, desta vez para o nível de lixo. À hora do jantar, os noticiários televisivos abriam com a notícia. Entre as razões invocadas pela agência Moody's estava a desconfiança de que Portugal não fosse capaz de cumprir as suas obrigações nem as metas definidas no acordo com a troika e poder vir a precisar de um segundo pacote de assistência financeira, a acumular com os 78 mil milhões de euros acordados em maio de 2011.

O país sublevou-se e a União Europeia criticou a ação da agência. A 8 de julho, o Presidente da República, Aníbal Cavaco Silva, dizia à imprensa que as decisões das principais agências de rating eram "uma ameaça à estabilidade da economia europeia" e considerou "escandalosa" a nova descida da classificação da República Portuguesa.

Nos meses anteriores, as três grandes agências de notação financeira já vinham a baixar o rating de Portugal, levando os investidores a exigir taxas de juro cada vez mais elevadas para concederem empréstimos. A esse cenário juntou-se o "chumbo" do PEC IV proposto pelo governo de José Sócrates e o pedido de ajuda externo solicitado por Portugal para continuar a cumprir as suas obrigações internas e externas.

Na sequência dos sucessivos cortes de rating da República Portuguesa, também municípios e empresas foram alvo de downgrade.

Mas façamos uma pausa e recuemos no tempo. O que significa o rating, o downgrade e tantas outras expressões de que ouvimos falar constantemente? O que é estarmos no lixo ou corrermos risco de incumprimento? O que são, afinal, as agências de rating? E será que têm mesmo todas as culpas que lhes atribuem? Serão elas as responsáveis pela nossa situação económica?

Vamos por partes.

As agências de rating são empresas que classificam a qualidade do crédito de uma entidade que emite dívida (o emitente) ou de um instrumento financeiro específico. A essa classificação, que segue uma escala pré-definida, dá-se o nome de notação –expressa através de um código de letras, algumas delas complementadas com sinais (de + e -, bem como numéricos).

Ao atribuírem uma notação, as agências transmitem a sua opinião sobre a capacidade de um emitente de dívida cumprir, no prazo estabelecido e na íntegra, as suas obrigações financeiras em geral. A isto chama-se notação do emitente. Além disso, as agências também podem emitir um parecer em relação a um determinado título de dívida – a que se dá o nome de notação de instrumentos.

Por outras palavras, a agência classifica a capacidade de um país, de uma entidade local ou de uma empresa conseguir reembolsar as suas dívidas no prazo fixado – na chamada maturidade da dívida, que é a data em que a obrigação expira. Além disso, também classifica as próprias emissões dessas entidades (os títulos de dívida, ou obrigações, bem como instrumentos estruturados), de curto ou longo prazo.

As agências de rating internacionais abarcam, assim, todos os segmentos na sua avaliação. Em suma, podemos dizer que estas agências atribuem ratings a empresas de todos os ramos – incluindo bancos e seguradoras (que estão no segmento das instituições financeiras) –, bem como a Estados (poder local, regional e soberano), a fundos (de investimento, de obrigações ou do mercado monetário) e a instrumentos estruturados (como os ABS, MBS ou CDO, de que falaremos mais adiante).

Sublinhe-se, porém, que um rating não é uma recomendação para comprar, manter ou vender um instrumento de dívida. Trata-se, isso sim, de um dos recursos utilizados pelos investidores para tomarem as suas decisões de investimento e de um recurso usado por Estados e empresas para aumentarem a sua base de potenciais investidores.

Os pareceres das agências são tidos em conta pelos investidores na hora de comprarem dívida de um país (a chamada dívida pública ou soberana), de uma entidade local (como os municípios em Portugal ou os länder na Alemanha), de uma empresa, bem como de qualquer outra entidade ou produto que sejam alvo de notação. Se o risco de incumprimento do pagamento da dívida for elevado – o que equivale a uma classificação baixa na escala de notações da agência –, o investidor pode tentar exigir juros mais altos como contrapartida para adquirir esses títulos de dívida.

E chegámos ao termo 'juro'.

1.1. Yields, juros e obrigações

Quando um país, governo regional, entidade pública ou empresa (incluindo as instituições financeiras) precisa de dinheiro, uma das formas de se financiar consiste em emitir dívida, que posteriormente terá de reembolsar num determinado prazo – é a data de maturidade do título. "Essa dívida também pode ser emitida por uma instituição supranacional, como o Banco Mundial ou o Banco Europeu de Investimento. Ao emitirem obrigações, estas instituições contraem empréstimos diretamente dos mercados financeiros em vez de recorrerem à banca. Em geral, fazem-no por ficar mais barato".[1]

Assim sendo, de modo resumido, podemos dizer que "uma obrigação é efetivamente uma nota de crédito emitida pelo Estado ou empresa. Ao investir em obrigações, está essencialmente a emprestar dinheiro a uma destas entidades".[2]

Tomando como exemplo uma empresa, quando investimos no mercado de ações, estamos a comprar parte dessa empresa, a entrar no seu capital acionista. Quando investimos no mercado de obrigações, estamos a emprestar-lhe dinheiro. E existem dois mercados onde é possível comprar obrigações: o primário e o secundário.

No mercado primário, apesar de algumas emissões ainda se destinarem ao público em geral, este está cada vez mais vocacionado para investidores institucionais, como os fundos de investimento ou os fundos de pensões, que compram diretamente ao emitente – o Tesouro, no caso da dívida soberana.

Assim, é no mercado secundário que os particulares em geral podem comprar e vender obrigações. A bolsa é o mercado secundário mais

---

[1] "Obrigação", Think Finance.
[2] "Compreender o mercado de obrigações", Skandia.

adequado para as negociar, uma vez que as transações são efetuadas com maior facilidade e os preços de compra e venda são efetivamente mais transparentes. Esses preços são negociados tal e qual como as ações, através de intermediários financeiros, normalmente associados a bancos e corretoras.[3]

As obrigações podem ter características e modalidades bastante diferentes, sendo remuneradas a uma taxa fixa ou variável.

A taxa de juro da obrigação designa-se taxa de juro de cupão e cada pagamento de juros (normalmente trimestral, semestral ou anual) designa-se cupão. Também existem as chamadas obrigações cupão zero, que são as que não distribuem cupões – pelo que não pagam juros. Nestes casos, quando a obrigação atinge a maturidade, o investidor recebe o seu valor facial (que é o valor inscrito no título). Mas se não há juros a receber, qual é o ganho de quem investe? O rendimento do investidor resulta da diferença entre o valor de reembolso e o valor de aquisição da obrigação, pois estas obrigações de cupão zero são emitidas a desconto (mais baratas) relativamente ao seu valor facial.

Os Bilhetes do Tesouro (BT) são exemplos de obrigações de cupão zero. Mas os BT são a mesma coisa que as Obrigações do Tesouro (OT)? Não. As OT (que podem ter ou não cupão) têm prazos de maturidade entre 1 e 50 anos. Por seu lado, os BT são títulos representativos de empréstimos de curto prazo, que vencem num período até 1 ano.[4]

Regressemos às obrigações que pagam cupão. Conforme referido anteriormente, uma obrigação tem um valor facial – também chamado de valor nominal – e é colocada no mercado a um determinado preço de emissão. Frequentemente, as obrigações são emitidas ao par. E o que quer isso dizer? Significa que o preço a que são vendidas coincide com o seu valor nominal. No entanto, com a alteração das condições de mercado e a evolução da atividade do emitente, ao longo da vida da obrigação, o seu preço altera-se, podendo ser superior ou inferior ao valor nominal – o que quer dizer que, nesses casos, negoceia acima ou abaixo do par.

---

[3] "Obrigações", Deco Proteste; "Saiba como funcionam as obrigações", Saldo Positivo.
[4] Instituto de Gestão da Tesouraria e do Crédito Público (IGCP), Glossário.

Quando a obrigação é transacionada abaixo do par, significa que está a ser negociada a desconto, pois quem a comprar estará a pagar menos dinheiro do que se a comprasse pelo valor nominal. Se for transacionada acima do par, está a ser negociada a prémio.

Em geral, o emitente compromete-se a devolver o valor nominal e a pagar os juros periódicos ao longo da vida da obrigação. Por isso, se um investidor comprar uma obrigação ao valor nominal e a mantiver sempre em mãos até à data da maturidade, recebe o valor em dívida (o valor nominal) e os juros (cupão) correspondentes a cada ano. Ou seja, se comprar uma obrigação a três anos por 100 euros, com um juro fixo de 4% ao ano, recebe quatro euros por cada ano e ainda o valor nominal de 100 euros no final do prazo de duração do título.

Mas imagine que compra essa mesma obrigação no mercado, numa altura em que está a ser negociada a 90 euros. Neste caso, o preço que pagou para adquirir a obrigação foi inferior ao seu valor nominal (abaixo do par), mas as modalidades dos juros que foram definidas aquando da emissão mantêm-se. Assim, receberá o juro correspondente durante o período de vida que ainda resta à obrigação e, além disso, na data de maturidade receberá o seu valor facial, 100 euros, quando apenas pagou 90 euros.

A este ganho dá-se o nome de 'yield', que normalmente é expressa em percentagem. Assim, a rendibilidade (yield) do investidor varia em função da flutuação dos preços das obrigações. É por isso que se torna redutor chamar 'juro' à 'yield' do mercado da dívida, se bem que seja o termo habitualmente mais utilizado por uma questão de "simplicidade".

A yield é, assim, a taxa de rendibilidade que está implícita no preço dos títulos de dívida. Essa taxa, que equivale ao retorno que o comprador vai ter com o seu investimento, resulta então da conjugação de duas componentes: o juro e a diferença entre o valor nominal do título e o valor a que o compra no mercado.

A diferença entre os dois – o chamado desconto –, conjugada com o juro do cupão, é que vai garantir uma maior ou menor rendibilidade sobre o seu investimento. Se o preço de uma obrigação desce no mercado, a yield sobe – ou seja, a rendibilidade é maior, porque conseguiu comprá-la com desconto face ao valor nominal.

Quando um investidor quer saber qual o nível de risco do crédito de um país – ou seja, da dívida que o Estado emite – uma das formas de o fazer é consultando as notações atribuídas pelas agências de rating.

Se os investidores começam a percecionar, através dessas notações, que há uma elevada probabilidade de não pagamento das obrigações por parte do emitente, a taxa de juro implícita aos títulos de dívida pública – como contrapartida para comprar esses mesmos títulos – vai subindo.

Para os compradores de dívida, as notações que são atribuídas pelas agências de rating são uma referência importante, uma vez que lhes dizem qual a probabilidade de receberem o dinheiro investido. Mas sublinhe-se que nem sempre os investidores preferem um título de dívida com classificação máxima. E porquê? Atendendo a que o risco de não serem reembolsados é praticamente nulo, a taxa de remuneração que obtêm por esse investimento é menor, pois o prémio de risco exigido pelo mercado não será muito alto. Em contrapartida, se investirem em títulos de maior risco, as yields poderão ser mais elevadas.

Desta forma, uma obrigação com o rating máximo é melhor em termos de qualidade, ao passo que uma obrigação com um rating mais fraco pode ser melhor em termos de remuneração. Tudo depende daquilo que é pretendido por quem analisa a notação atibuída pela agência de rating a esse título de dívida.

Mas quem são e como nasceram estas agências?

2. Principais agências

Apesar de, atualmente, existirem mais de 100 agências de rating em todo o mundo, "a maioria delas é de pequena dimensão e concentra-se em áreas de jurisdição particular ou setores económicos específicos. Poucas são formalmente reconhecidas por governos para fins de regulação".[5]

Entre as grandes, é incontornável o grupo das chamadas "três irmãs", que detêm cerca de 95%[6] do mercado mundial. Pelo papel ativo que tiveram na crise iniciada em 2007 – que viria a ser conhecida como Grande Crise – são também alcunhadas de "três mosqueteiras" e "fábricas de produção do triplo A". Apesar das críticas de que foram – e são ainda – alvo em todo o planeta, o certo é que continuam a ocupar o seu lugar no pódio mundial.

Estas três agências deram os seus primeiros passos no início do século passado, nos Estados Unidos. A primeira foi a Moody's, em 1909, seguindo-se a Poor's Publishing Company em 1916 e a Standard Statistics em 1922. Estas duas últimas viriam a fundir-se, criando a Standard & Poor's em 1941. A Fitch, por sua vez, foi criada em 1924.

Recuemos aos seus primórdios[7].

---

[5] "Notação de risco de crédito", Think Finance.
[6] "Wrongful Actions of the International Credit Rating Agencies", Global Securities Watch.
[7] "A brief history of credit rating agencies", Investopedia.

Moody's Investors Service

John Moody (1868-1958) foi um empreendedor norte-americano, firmemente convicto de quais eram as necessidades da comunidade de investidores. Foi com base na sua avaliação das necessidades do mercado que criou a John Moody & Company, em 1900, ano em que publicou o seu "Manual Moody's". O manual fornecia informação e estatísticas sobre as ações e obrigações das instituições financeiras, das agências governamentais e dos vários ramos industriais, tendo tido grande aceitação em todo o país. Esgotou em dois meses. De 1903 até à queda da bolsa de 1907[8], este manual foi uma referência nos EUA.

A empresa não sobreviveu ao 'crash' bolsista, mas John Moody não se deu por vencido e em 1909 criou a Moody's Corporation. Nessa altura, a empresa começou a publicar uma análise sobre os investimentos ferroviários, fornecendo também informação analítica acerca do valor dos títulos deste setor. O conceito expandiu-se e em 1914 era criada a Moody's Investors Service, que começou a atribuir ratings a praticamente todas as obrigações municipais dos Estados Unidos. Do universo da Moody's Corporation faz ainda parte a Moody's Analytics, que é a unidade de ferramentas para a gestão de risco e análise económica.

Passados 10 anos, os ratings da Moody's Investors Service abrangiam praticamente a totalidade do mercado de obrigações do país. Na década de 70, a empresa começou a classificar também o risco da dívida comercial, tornando-se uma agência de rating em toda a escala.

---

[8] A queda da bolsa de Nova Iorque, em 1907, foi despoletada pelo crédito fácil e pela especulação financeira, que levou à falência de várias instituições financeiras. Mas o movimento de pânico teve a sua origem um pouco antes, no sismo que abalou São Francisco em 1906 e nos incêndios que se sucederam. A devastação da cidade pesou fortemente sobre as companhias de seguros, que tinham elevadas indemnizações a pagar. O crédito apertou e as ações começaram a perder valor em bolsa. Gerou-se um movimento de pânico nacional e observou-se uma corrida ao levantamento de depósitos nos bancos. Este cenário, conjugado com a recém-chegada recessão, resultou numa "tempestade perfeita" a que se deu o nome de "Pânico de 1907". (World Stock Market Crashes – http://www.worststockmarketcrashes.com/stock-market-crashes/the-financial-bank-panic-of1907/).

A empresa tem uma quota de aproximadamente 40% do mercado mundial de classificação do risco de crédito, tal como a Standard & Poor's. A Fitch, por seu lado, arrecada 15% desse mercado.

Standard & Poor's Corporation

Em 1860, o analista financeiro Henry Varnum Poor (1812-1905) publicou um livro intitulado "History of Railroads and Canals in the United States", onde reunia informações sobre a situação financeira e operacional das companhias ferroviárias norte-americanas. Mais tarde, criou com o seu filho, Henry William, a empresa H.V. and H.W. Poor, que passou a publicar edições anuais atualizadas daquele livro.

Entretanto, em 1906, Luther Lee Blake (1874-1953) fundava o Standard Statistics Bureau, que publicava os ratings que atribuía às obrigações das empresas, dos municípios e do país. Em 1941, o Standard Statistics fundiu-se com a Poor's Publishing (a empresa sucessora da H.V. and H.W. Poor), nascendo assim a Standard & Poor's Corporation – que em 1966 foi comprada pela editora McGraw-Hill Companies, tornando-se a sua divisão financeira.

Em setembro de 2011, a McGraw-Hill anunciou a intenção de separar as áreas de negócio do grupo em duas empresas. O objetivo é criar uma empresa que terá como área central o investimento e os mercados financeiros, capitaneada pela Standard & Poor's, bem como uma empresa que se focalizará nos livros educativos.

A Standard & Poor's tornou-se conhecida pelos seus índices bolsistas, como o S&P 500, que é o índice de referência dos EUA. A história do S&P 500 remonta a 1923, quando a Standard & Poor's criou um índice que abrangia 233 empresas. O índice tal como se conhece hoje foi posteriormente criado em 1957, ano em que passou a incluir as 500 empresas líderes nos setores mais importantes da economia norte-americana.

Fitch Ratings

John Knowles Fitch (1880-1943), economista, fundou a Fitch Publishing Company em 1913. A empresa começou por publicar estatísticas financeiras para a indústria de investimento, com o seu "The Fitch Stock and Bond Manual" e "The Fitch Bond Book". Em 1924, introduziu o seu sistema de ratings, que vai do AAA ao D. Esta escala de letras tornou-se a base de todo o setor de atribuição de classificações de risco do crédito.

Entretanto, em 1997, a Fitch Investor Services funde-se com a IBCA de Londres, que tinha sido comprada seis anos antes pelo grupo francês Fimalac. A Fitch torna-se assim uma entidade de capitais franceses, tendo a nova empresa resultante da fusão passado a chamar-se Fitch IBCA.

Com a aquisição da Duff & Phelps Credit Ratings Co., nasce a Fitch IBCA Duff & Phelps em 1 de junho de 2000. Em dezembro desse mesmo ano, é comprada a agência norte-americana Thomson Bank-Watch e surge a entidade resultante da combinação destas quatro agências: a Fitch Ratings.

Em finais de 2004, é criado o Fitch Group, que passa a ter sob a sua alçada a Fitch Ratings e uma outra empresa recém-comprada, a canadiana Algorithmics – focalizada na gestão do risco empresarial. Posteriormente, é feita uma aposta nos serviços de dados e na formação financeira, com a criação da Fitch Solutions e da Fitch Training.

Mais tarde, a Fimalac cede parte da sua posição no Fitch Group ao grupo de comunicação social norte-americano Hearst, mas mantendo uma participação maioritária de cerca de 60%.

Em inícios de setembro de 2011, a Fimalac anuncia que o Fitch Group celebrou um acordo definitivo com a IBM com vista a ceder a sua filial Algorithmics à empresa tecnológica.

2.1. Outras agências

Entre as muitas outras agências de rating que operam atualmente, apenas existe uma portuguesa, que iniciou a sua atividade em 1988: a Companhia Portuguesa de Rating (CPR).

Em finais de agosto de 2011, a Comissão do Mercado de Valores Mobiliários (CMVM – autoridade reguladora do mercado de capitais em Portugal) anunciou ter concedido o registo à CPR, que passou a poder exercer a atividade de notação de risco ao abrigo das novas regras comunitárias.

"A CMVM já notificou esta deliberação à Autoridade Europeia dos Mercados de Valores Mobiliários (ESMA), que centraliza a nível europeu o registo e, desde 1 de julho, também a supervisão das agências de rating", divulgou a entidade reguladora em comunicado.

Entre outras agências que têm ganho mais projeção nos últimos tempos, são de destacar duas: a canadiana Dominion Bond Rating Service (DBRS), criada em 1976, e a chinesa Dagong Global Credit Rating, fundada em 1994.

3. Como funcionam

3.1. Metodologia e clientes

E de que forma funcionam as agências de rating? Como chegam estas entidades aos pareceres que emitem?

Conforme explica a Companhia Portuguesa de Rating, "o processo de rating baseia-se no diagnóstico estratégico da atividade do emitente, a partir de toda a informação disponível, garantindo a manutenção da confidencialidade da informação mais sensível, mas traduzindo os seus efeitos na notação atribuída".

Em suma, as agências procedem a uma análise quantitativa e qualitativa do emitente, da sua envolvente e dos títulos em questão, fornecendo depois os seus pareceres. "Estes pareceres baseiam-se em informações sobre o fluxo de receitas e a estrutura de balanço (em especial o endividamento) da entidade notada (ou seja, que é alvo de notação). São igualmente tidos em conta os desempenhos financeiros passados. Estas informações apenas apresentam uma imagem da situação num determinado momento, devendo ser confirmadas ou revistas periodicamente, a fim de ter em conta as evoluções mais recentes, económicas ou de outro tipo".[9]

No caso dos soberanos, as agências de rating olham essencialmente para quatro fatores: desempenho histórico em termos orçamentais e económicos, situação atual das contas públicas, robustez da economia e perspetivas de crescimento.[10]

---

[9] Comunicação da Comissão sobre as agências de notação (2006/C 59/02), Jornal Oficial da União Europeia.

[10] Fórum 'Compreender a crise', *Jornal de Negócios Online*, 22 de dezembro de 2010.

No caso de uma empresa, as agências têm igualmente em conta o setor económico em que opera e o estado da economia do país de origem. É por isso que várias empresas portuguesas, sobretudo as públicas ou com participações do Estado [as chamadas GRE – Government-Related Entities], viram os seus ratings descerem como consequência do corte do rating soberano de Portugal. Mas se a principal fonte de receitas de uma empresa provier do estrangeiro, operando em países onde a atividade está a florescer, pode ser poupada a um corte de rating, mesmo que as congéneres do setor no seu país de origem vejam a sua classificação reduzida. É preciso é que a maior proporção do estrangeiro nas receitas se deva a um crescimento lá fora e não a uma contração cá dentro.

Mas regressemos ao processo de análise da dívida e de atribuição da notação financeira. Ao avaliarem a qualidade do crédito de um emitente ou emissão, os analistas envolvidos na preparação ou revisão de uma ação de rating têm de utilizar os critérios e metodologias estabelecidos pela agência, conforme explica a Standard & Poor's no seu código de conduta.[11]

Os ratings são decididos por meio de votação – num comité composto por especialistas e não apenas por um único analista – e refletem todas as informações obtidas e consideradas relevantes pelo comité, em consonância com os critérios e metodologias da agência. Além disso, os analistas envolvidos têm de dispor da formação e experiência adequadas para formarem uma opinião de rating para o tipo de crédito que está a ser analisado. Tipicamente, há um analista que é o líder da avaliação da capacidade creditícia da entidade, sendo normalmente apoiado por uma equipa de especialistas na condução dessa tarefa.

Também a Moody's e a Fitch dispõem de um comité de rating, que analisa, avalia e valida as opiniões dos seus analistas traduzidas nas notações.

Este é o modo mais habitual de se chegar a um rating, mas não o único. Com efeito, para formarem as suas opiniões sobre o crédito de

---

[11] "Ratings Services – Código de Conduta", Standard & Poor's, dezembro de 2008.

um emitente ou emissão, as agências de rating podem optar por recorrer não a analistas, mas sim a modelos matemáticos. Podem também optar por uma combinação de ambas as metodologias.

Assim, se bem que em menor número, algumas agências focalizam-se sobretudo nos dados quantitativos, que incorporam num modelo matemático. A título de exemplo, uma agência que utilize esta abordagem para avaliar a qualidade do crédito de um banco ou de uma outra instituição financeira, avalia a qualidade dos ativos dessa entidade, bem como a sua capacidade de financiamento e rentabilidade, com base essencialmente nos dados disponíveis nos relatórios e contas dessas instituições e na informação prestada ao regulador do mercado.

Para se protegerem de potenciais conflitos de interesses no modelo em que é o emitente que paga pela avaliação, as agências definiram várias salvaguardas. A Standard & Poor's, por exemplo, faz uma separação de funções: aqueles que negoceiam as condições do contrato entre a agência e o emitente não podem ser os mesmos que realizam a análise do crédito e que emitem os seus pareceres. Conforme explica a própria agência, esta separação tem subjacente um conceito semelhante à forma como os jornais separam as suas funções editoriais das funções de venda de publicidade. Com efeito, os jornais podem escrever sobre empresas que também colocam anúncios nas suas páginas e, para que não haja conflitos de interesses, existe o departamento editorial e o departamento de marketing, que funcionam de forma independente.

3.2. Ratings solicitados e não solicitados

As classificações são habitualmente solicitadas – e pagas – pelos próprios emitentes. "Nestes casos, as notações baseiam-se tanto nos dados disponíveis publicamente como nas informações não acessíveis ao público que são voluntariamente divulgadas pela entidade notada (por exemplo, em entrevistas com os responsáveis financeiros da entidade notada).[12]

---

[12] Comunicação da Comissão sobre as agências de notação (2006/C 59/02), Jornal Oficial da União Europeia.

No entanto, por vezes as agências publicam notações por sua própria iniciativa – ou seja, não solicitadas pelo emitente –, que são geralmente elaboradas sem terem acesso a informações reservadas.

Em que situações ocorre a atribuição de ratings não solicitados? Uma agência de rating pode decidir emitir o seu parecer sobre um emitente ou emissão, sem que este seja pedido, quando "existe um grande interesse do mercado de crédito ou dos participantes na publicação de tal rating" e se a agência "contar com informações suficientes para sustentar uma análise apropriada e, se aplicável, realizar o monitoramento do rating", sublinha o código de conduta da S&P.

Em alguns casos, os emitentes podem fornecer informações limitadas à agência e esta poderá considerar esses ratings também como não solicitados.

Em Portugal, a CPR não exclui a possibilidade de atribuir ratings não solicitados, dependendo nomeadamente do nível de aceitação que este tipo de rating venha a ter futuramente no mercado.

Um rating também pode passar de solicitado a não solicitado. Acontece, por exemplo, no caso de mudanças regulatórias. Foi o que sucedeu com o rating atribuído pela S&P aos Estados Unidos. A referida agência anunciou, em comunicado datado de 24 de fevereiro de 2011, que convertia os ratings de crédito dos EUA de solicitados para não solicitados, de modo a adequar-se às novas regulações da União Europeia. Isto sucedeu numa altura de grandes mudanças e maiores exigências em matéria de regulação destas agências, em pleno frenesim da atividade de rating de que falaremos mais adiante.

A conversão do rating do crédito do governo federal dos EUA para não solicitado seguiu-se ao mesmo tipo de decisão para sete países da Europa e para o BCE. "Estas ações foram tomadas na sequência de novas regulações da União Europeia sobre ratings de crédito, que têm a ver com aspetos relacionados com a divulgação e apresentação desses ratings e que requerem, entre outras coisas, que os ratings não solicitados sejam identificados como tal", explicou nessa ocasião a Standard & Poor's em comunicado.

"Estamos a converter o nosso rating do crédito do governo dos EUA para não solicitado porque não temos um acordo de atribuição de rating com o país. No entanto, a S&P continuará a classificá-lo, pois considera que tem acesso a informação pública suficiente para sustentar a sua análise", referiu a agência, acrescentando que estava convicta de que havia um substancial interesse do mercado na classificação da qualidade do crédito da dívida norte-americana.

Uma semana antes, devido ao mesmo contexto regulatório, a S&P tinha anunciado a conversão dos ratings, de solicitados para não solicitados, da Bélgica, França, Alemanha, Itália, Holanda, Suíça, Reino Unido e Banco Central Europeu.

3.3. Preços

Por norma, quem paga os serviços das agências de rating são os emitentes e não os investidores. Mas nem sempre foi assim.

No modelo de negócio original das agências, eram os investidores que pagavam pelos seus serviços, já que eram eles que lhes compravam os manuais de ratings. Contudo, em inícios dos anos 70, as "três grandes" adotaram o modelo de pagamento por parte do emitente, que é o que ainda vigora na grande maioria das agências.

E a que se deveu esta mudança no modelo de negócio? São várias as razões evocadas, não havendo uma resposta única.[13] Um dos motivos prende-se com o facto de, em inícios da década de 70, terem começado a multiplicar-se as máquinas fotocopiadoras de alta velocidade, o que fez com que as agências receassem que os investidores fizessem cópias dos seus manuais, o que reduziria as suas receitas. Outra explicação é que as agências terão percebido que os emitentes precisavam de ratings para venderem as suas obrigações a instituições financeiras reguladas. Assim, os emitentes estariam dispostos a pagar por esses ratings. Se os relatórios fossem fotocopiados, isso não iria interferir com o preço cobrado aos emitentes. Uma terceira razão prende-se com a inesperada falência da Penn Central Railroad em 1970, que abalou os mercados obrigacionistas e terá deixado os emitentes com mais vontade de pagarem às agências de rating para que estas atestassem a sua capacidade creditícia.

De salientar que nalgumas agências mais pequenas ainda são os investidores que sustentam o serviço de rating, se bem que esse

---

[13] "Agency Problems – and their solution", *The American*, 24 de janeiro de 2009.

modelo alternativo coloque inúmeros problemas "em termos de facilidade e praticabilidade de implementação que ainda não foram suplantados".[14]

Essas agências de menor dimensão são, maioritariamente, agências regionais e de nichos, que tendem a especializar-se numa região geográfica ou numa determinada indústria.

Excetuando esses casos, regra geral as agências atribuem os ratings – mediante remuneração – a pedido das empresas e países que desejam ser classificados, mas devendo manter uma posição de independência em relação aos solicitantes. Essa independência foi posta em causa durante a Grande Crise, desencadeada pelo desmoronamento do mercado do crédito imobiliário de alto risco nos Estados Unidos. Com efeito, houve quem alegasse que, pelo facto de serem pagas pelos emitentes das obrigações que classificam, as agências tinham um incentivo para não serem muito exigentes nas suas opiniões, sob risco de perderem os clientes em prol de uma outra agência mais 'benévola'.

Por norma, as agências de rating calculam as comissões iniciais que vão cobrar aos emitentes de obrigações com base na dimensão das emissões. Essas comissões destinam-se a cobrir as despesas pelos serviços de arranque da atribuição de ratings e pela sua monitorização periódica. As agências podem rever essas comissões de tempos a tempos, devido à concorrência ou à alteração na dimensão dos seus clientes ou das emissões desses clientes, por exemplo.

Em Portugal, "o Estado e as empresas públicas, incluindo a Caixa Geral de Depósitos, pagam anualmente cerca de três milhões de euros às agências de rating Standard & Poor's, Moody's e Fitch".[15]

Soma-se a esta fatura cerca de 5,5 milhões de euros pagos pelas 10 empresas do PSI-20 que têm acordos comerciais de rating (BCP, BES, BPI, Banif, PT, EDP, EDP Renováveis, Cimpor, REN e Brisa) por este serviço de avaliação.[16]

---

[14] "FAQs on Credit Rating, Rating Agency, Credit Rating Scales", Crisil.
[15] "Agências de rating", *Público*, 5 de agosto de 2001.
[16] *Idem.*

3.4. Vantagens do rating

Conforme explica a CPR, o rating tem vantagens para os emitentes, para os investidores e para o mercado.

Para o emitente, o rating demonstra transparência e, além disso, este tem maior facilidade na colocação de dívida. Uma empresa ou país com uma classificação baixa terá de pagar um prémio superior para conseguir colocar dívida no mercado, ao passo que um rating elevado dá-lhe a possibilidade de colocar dívida com um custo mais baixo.

Por outro lado, o emitente pode atender às falhas e fragilidades apontadas pela agência, atuando no sentido de colmatar todas as lacunas e melhorar a sua notação. Com o rating, o emitente poupa ainda "a comissão de garantia bancária para a cobertura do risco de incumprimento e imposto do selo no caso do papel comercial nas ofertas públicas de subscrição".[17]

O mercado, por sua vez, vê nos ratings uma maior transparência, sendo mais fácil fazer a distinção entre a qualidade do crédito dos títulos que são negociados.

Quanto ao investidor, a vantagem é que pode aplicar o seu dinheiro com uma maior perceção do risco dos títulos que compra. Sublinhe-se, contudo, que essa perceção de risco nem sempre se revela acertada. Foi devido aos erros de avaliação por parte das agências que tantos investidores perderam dinheiro durante a última crise, ao comprarem produtos com notações que, conforme veio a comprovar-se, eram demasiado elevadas.

3.5. Escalas de classificações

A agência começa por encaixar as entidades em duas categorias. Se o país ou empresa for considerado fiável, em termos de pagamento das suas obrigações financeiras, então a sua dívida é classificada dentro do chamado 'grau de investimento' (investment grade). Se, pelo contrário, existir risco considerável no cumprimento desses pagamentos, então recai no 'grau especulativo' (speculative grade).

---

[17] Companhia Portuguesa de Rating (http://www.cprating.pt/).

A partir do momento em que entra no grau especulativo, essa dívida passa a ser considerada 'junk' (junk bonds), o tão falado 'lixo'. Nestas circunstâncias, a agência vê um risco substancial de os compromissos financeiros não serem honrados.

Abaixo do grau especulativo, a agência considera que já se está perante um 'default' – o chamado potencial incumprimento da dívida, ou seja, quando o emitente apresenta um risco elevado de não cumprir na íntegra as suas obrigações, de acordo com o contrato de empréstimo que celebrou com os credores.

As avaliações das agências seguem, por norma, o mesmo padrão: letras e sinais. No entanto, cada uma usa a sua própria escala. A notação mais elevada (capacidade total de pagamento) que a Moody's atribui é Aaa, ao passo que a melhor classificação que é dada pela Fitch e pela Standard & Poor's é AAA.

No fundo da tabela está o C (Moody's) e o D (S&P e Fitch). Quando um país, município ou empresa (bancos incluídos) tem uma notação neste nível, significa que a agência considera inviável o cumprimento dos compromissos financeiros assumidos.

A avaliação do risco e a atribuição da notação podem ser feitas numa perspetiva de curto prazo ou de longo prazo, pelo que existem duas escalas que refletem ambas as realidades.

Relativamente ao curto prazo, as notações expressam opiniões acerca da capacidade creditícia de um emitente ou da qualidade do crédito de uma emissão de dívida no futuro próximo, normalmente até 12 meses.

Quando o foco está no longo prazo, representa a capacidade de os compromissos financeiros serem honrados num futuro mais longínquo, habitualmente a partir de 12 meses. Quando se avalia a dívida de longo prazo de um emitente, a notação é independente da maturidade das obrigações individuais da entidade.

Símbolos de ratings para a dívida de curto e médio prazo

Interpretação	Moody's		Standard & Poor's		Fitch	
	Longo Prazo	Curto Prazo	Longo Prazo	Curto Prazo	Longo Prazo	Curto Prazo
Ratings no grau de investimento						
Crédito com qualidade máxima	Aaa		AAA		AAA	
Crédito com qualidade elevada	Aa1 Aa2 Aa3	Prime-1	AA+ AA AA-	A-1+	AA+ AA AA-	F1
Forte capacidade de pagamento	A1 A2 A3	Prime-2	A+ A A-	A-1	A+ A A-	
Capacidade de pagamento adequada	Baa1 Baa2 Baa3	Prime-3	BBB+ BBB BBB-	A-2 A-3	BBB+ BBB BBB-	F2 F3
Ratings no grau especulativo						
Especulativo Risco em desenvolvimento, devido a alterações económicas	Ba1 Ba2 Ba3		BB+ BB BB-	B	BB+ BB BB-	B
Altamente especulativo Risco de crédito existente e com margem de segurança limitada	B1 B2 B3	Não Prime	B+ B B-		B+ B B-	
Elevado risco de incumprimento Capacidade de pagamento depende de condições favoráveis e sustentáveis	Caa1 Caa2 Caa3		CCC+ CCC CCC- CC	C	CC+ CCC CCC- CC	C
Default (elevado risco de incumprimento) Falta de capacidade integral de pagamento Poucas perspetivas de recuperação do investimento ou dos juros	Ca, C		C, D	D	C, D	D

Fonte: UNTACD, com base nos dados das três agências

Analisando a dívida de longo prazo, o chamado 'triplo A' é a notação máxima atribuída pelas três maiores agências de rating. A única diferença é que na escala da S&P e da Fitch os três A são maiúsculos, enquanto na escala da Moody's a nota máxima é apresentada sob a forma de um A maiúsculo e dois minúsculos.

O primeiro nível de B ainda pertence ao grau de investimento nas três agências. Se houver uma degradação do rating e os títulos continuarem a descer na escala – o que significa que estão a ser alvo de 'downgrade' por parte das agências – entram no grau especulativo a partir de Ba1 na Moody's e de BB+ na Standard & Poor's e na Fitch.

Quando é atribuída uma notação de grau especulativo, o alvo dessa classificação entra num patamar em que é considerado lixo. Foi isso que aconteceu a Portugal a 5 de julho de 2011, quando a agência Moody's cortou o rating do país em quatro níveis, diretamente de Baa1 para Ba2.

O grau especulativo é então conhecido como 'junk', mas também como 'high yield', uma vez que os juros que um investidor pode obter ao adquirir obrigações de maior risco também são mais elevados.

Abaixo do grau especulativo, vem o chamado default, o que significa que o país, entidade ou empresa fica em risco de não cumprir integralmente as suas obrigações financeiras.

O default – ou incumprimento – é diferente da insolvência (que leva a uma situação de falência), pois ainda restam possibilidades de a situação vir a ser invertida e voltar a haver capacidade (ou vontade, porque por vezes um contrato é violado de forma deliberada) de pagamento da dívida. Quando se dá um incumprimento, há maiores probabilidades de falência, mas isso não significa que seja necessariamente declarada a insolvência.

Sublinhe-se também que há vários tipos e fases de default.

A reestruturação da dívida, por exemplo, pode ser encarada como um default, quando não resulta de um ato voluntário dos credores. A Fitch advertiu em meados de 2011 que se a União Europeia permitisse um rescalonamento de parte da dívida da Grécia – o que poderia acontecer se os bancos que compraram dívida soberana trocassem essas obrigações, na data de maturidade, por novos contratos de dívida – a agência consideraria essa ação como um default (incumprimento).

De salientar que existem outras modalidades de reestruturação da dívida que podem não passar pela extensão dos prazos das obrigações. São elas a diminuição do valor facial do montante em dívida ou a redução do cupão da obrigação – o que resulta numa redução da taxa de juro em relação ao montante em dívida.[18]

A Europa contestou a Fitch, dizendo que se as entidades financeiras procedessem à troca de dívida ('debt swap') de forma voluntária, a Grécia não estaria em incumprimento das suas dívidas. Contudo, a Fitch manteve a sua posição.

Para esta agência, o default seletivo, que corresponde a um incumprimento parcial e temporário, implicava um "evento de crédito" no caso da Grécia. Isto porque a renovação dos contratos de dívida não seria feita com condições iguais às dos contratos originais, mas sim piores, para os credores.

Também a Standard & Poor's avisou que a renovação das linhas de crédito – processo igualmente conhecido como 'rollover' – à Grécia seria considerada um default seletivo.

A ideia, entretanto, avançou e em inícios de setembro de 2011 o governo de Atenas revelou estar satisfeito com o interesse demonstrado até então pelo setor financeiro em participar de forma voluntária na troca de dívida grega, no âmbito do segundo resgate da República Helénica que tinha ficado acordado na cimeira europeia de 21 de julho.

Nos termos desta iniciativa, as entidades financeiras que participem voluntariamente no esforço de resgate da Grécia, aceitando assim os referidos termos de troca, terão de assumir imparidades (desvalorização dos títulos) devido à exposição à dívida grega, já que o facto de serem signatários do acordo de 'debt swap' implicará uma perda sobre o valor dos títulos que detêm.

A essa perda de capital e/ou juros que decorre de uma renegociação de dívida dá-se também o nome de 'haircut' (corte de cabelo, na tradução literal), ou desconto. No exemplo em análise, se os credores da Grécia sofrerem voluntariamente uma perda sobre o valor das obrigações que detêm, então o país conseguirá reduzir os seus encargos com os juros, reduzindo também a sua dívida.

---

[18] "O que é uma reestruturação da dívida soberana?", *Expresso*, 26 de abril de 2011.

Na cimeira europeia de 21 de julho, tinha ficado definido que o haircut sobre a dívida grega seria de 21%. Ou seja, os credores que participassem no esforço de ajuda à Grécia perdoariam 21% do valor em dívida, através da renegociação dos contratos. No entanto, pouco tempo depois começou a ser sublinhada a necessidade de esse haircut ser muito mais elevado. E essa necessidade foi comprovada quando, na cimeira de 26 de outubro, que se prolongou pela madrugada do dia 27, ficou acordada entre a Zona Euro e a banca uma reestruturação de 50% da dívida detida por privados.

Mas as coisas não ficaram por aqui. Na Grécia, o então primeiro-ministro, George Papandreou, quis levar a referendo o segundo programa de ajuda financeira já aprovado pelos líderes europeus, o que provocou uma enorme agitação política. A ajuda financeira europeia ficou congelada. Houve uma moção de confiança ao governo de Papandreou, que passou na prova, mas que ficou irremediavelmente penalizado. Foi então criado um governo de unidade nacional, com Lucas Papademos na liderança até às eleições que vão decorrer cm 2012. E a ajuda financeira proveniente da troika voltou a ficar disponível.

Nos dias 8 e 9 de dezembro de 2011 decorreu nova cimeira de chefes de Estado e de Governo da UE, tendo o chamado tabu do fim do euro sido quebrado, uma vez que o foco deixou de estar na possibilidade de um dos países periféricos sair da Zona Euro, para passar a estar na própria sobrevivência da união económica e monetária.

Na madrugada de dia 9 de dezembro, os 17 países do euro assinaram um acordo de reforço da disciplina orçamental e da governação económica, que implica regras mais exigentes para o cumprimento da "União de Estabilidade". Estas novas regras não serão delineadas numa Europa a 27, dado que o Reino Unido decidiu ficar de fora do compromisso. O veto dos britânicos constituiu, assim, mais um episódio nas notórias divisões existentes no seio da União Europeia.

Nos termos do referido acordo, "o Fundo Europeu será reforçado, a entrada em vigor do seu sucessor (mais robusto) será antecipada e durante algum tempo ambos coexistirão. O BCE vai ajudá-los, mas na rectaguarda, como seu 'agente'. Em contrapartida, os Estados deverão reforçar os meios do FMI em 200 mil milhões de euros para que a instituição de que os EUA são os maiores acionistas possa estar em melhores condições de ajudar países europeus", explicava então o *Jornal de Negócios Online*.[19]

A UE entrou assim em 2012 com muitas agulhas para acertar. E a história continua, a Europa continua, mas a Zona Euro... continuará? Os esforços vão nesse sentido. Até porque o desmoronamento da Zona Euro poderia, inevitavelmente, levar à derrocada da própria União Europeia.

3.6. Importância do 'Triplo A'

Regressando aos ratings, as regras dos empréstimos concedidos pelo Banco Central Europeu (BCE) aos bancos da União Europeia ditam que a autoridade monetária europeia só aceite dívida de rating máximo como garantia (colateral).

Um colateral é um ativo que o credor pode ir buscar se o devedor falhar os seus pagamentos. No caso de um particular que pede crédito à habitação, por exemplo, a própria casa fica como garantia. Ou seja, se o devedor deixar de pagar as suas prestações ao banco, este fica com a casa, que pode assim vender para recuperar parte ou a totalidade do valor emprestado.

Mas no caso de um banco que precisa de se financiar junto do BCE, os ratings servem para identificar os títulos que podem ser utilizados como colateral para as linhas de financiamento junto do banco central da Europa. Contudo, com o aprofundar da crise, até as regras do BCE mudaram. Vejamos como.

Quando os bancos precisam de recorrer a empréstimos do Banco Central Europeu, o acesso a esse crédito "não depende do rating que conseguem atingir, mas do facto de terem, ou não, colaterais para entregar em troca".[20] E o colateral que serve de garantia ao BCE aquando das operações de cedência de liquidez (empréstimo de dinheiro) é normalmente um título de dívida pública.

Pelas regras estabelecidas, "só ativos com um rating de topo é que são aceites pelo BCE como colaterais – e, por isso, um 'downgrade' de

---

[19] "Muralha de defesa do euro estará pronta 'em breve' com muitos mais milhões", *Jornal de Negócios Online*, 9 de dezembro de 2011.

[20] Fórum 'Compreender a crise', *Jornal de Negócios Online*, 22 de dezembro de 2010.

alguns dos ativos na posse dos bancos pode limitar o seu acesso ao financiamento do banco central".[21]

Contudo, "o Banco Central Europeu pode alterar as suas regras em determinadas circunstâncias. Foi o que fez quando o 'rating' da dívida grega desceu para BBB. A instituição decidiu atuar desta forma para não precipitar uma venda ao desbarato destes títulos, anunciando que continuaria a aceitá-los como garantia".[22]

Mas a importância do rating máximo continua a ser preponderante. A título de exemplo, quando a União Europeia emite dívida através dos seus instrumentos financeiros para cobrir a ajuda dada no âmbito dos pacotes de resgate, esta deve ter uma notação de 'triplo A'. Sublinhe--se que a UE dispõe de dois mecanismos de financiamento: o Fundo Europeu de Estabilidade Financeira (FEEF), que é gerido pelos governos da Zona Euro; e o Mecanismo Europeu de Estabilidade Financeira (MEEF), que é gerido pela Comissão Europeia. Originalmente, estava previsto que o FEEF fosse substituído em meados de 2013 pelo Mecanismo Europeu de Estabilidade (MEE), mas na cimeira de dezembro de 2011 ficou expressa a vontade de a entrada em vigor do MEE ser antecipada em um ano, para julho de 2012, coexistindo com o FEEF durante algum tempo.

A questão das eurobonds (obrigações europeias), que continua a ser alvo de intensos debates, também se centra nos ratings de topo, uma vez que vários responsáveis do BCE sugeriram que a eventual emissão destes títulos fosse realizada apenas pelos países da Zona Euro que têm rating de 'triplo A' por parte das três maiores agências. Até 13 de janeiro, eram seis os países com notação máxima: Alemanha, Áustria, Finlândia, França, Luxemburgo e Holanda. No entanto, nesse dia a S&P cortou o rating de França e da Áustria, pelo que passaram a ser apenas quatro os países nessa categoria.

Com a saída de dois Estados do clube dos ratings de topo, a Standard & Poor's desceu também a classificação do próprio FEEF. Além disso, indicou que poderia não ficar por ali. A Fitch e a Moody's também "ameaçaram" reduzir algumas notações soberanas da Zona Euro, o que

[21] *Idem.*
[22] *Ibidem.*

fez com que a agitação regressasse em pleno aos mercados da dívida no início de 2012 e fosse novamente posta em causa a ação das agências de rating. Contudo, à falta de concorrência, são as "três irmãs" que continuam a liderar este mercado.

O poder das agências é conferido também pela exigência de ratings à banca no âmbito dos acordos de Basileia (de que falaremos mais adiante) e pelo facto de o Banco Central Europeu exigir, para conceder financiamento a um banco, que este tenha a avaliação de duas agências de rating.

3.7. Sinais numéricos

Além de letras, a maioria das agências também utiliza sinais numéricos e símbolos de '+' e '-'. O que significam? São graus (subdivisões) dentro de um mesmo nível.

Os símbolos de '+' e '-' são utilizados pela Fitch e pela Standard & Poor's para as notações da dívida de longo prazo e visam fazer uma distinção dentro de uma mesma categoria de rating.

O símbolo '-' não tem conotações negativas, trata-se apenas da diferenciação mais apurada de uma letra dentro de uma mesma categoria. Dentro da categoria AA, o rating AA+ representa o segundo nível do grau de investimento e a notação AA- corresponde ao quarto nível. Esse mesmo rating AA- é mais elevado do que o rating A+ (quinto nível do grau de investimento), porque a categoria que engloba os dois A é superior à categoria de apenas um A.

Na escala das agências Moody's, S&P e Fitch, só a Moody's é que utiliza as referências numéricas na classificação da dívida de longo prazo. A agência acrescenta os números 1, 2 e 3 a cada rating compreendido entre Aa e Caa. Esses números funcionam precisamente da mesma forma que os sinais de '+' e '-' nas outras duas agências.

Relativamente aos ratings para a dívida de curto prazo, que expressam as opiniões acerca da possibilidade de cumprimento de um emitente ou da qualidade do crédito de uma emissão no futuro próximo, a escala é diferente. A Moody's recorre a vários níveis de 'Prime' (de qualidade) dentro do grau de investimento, considerando 'Não Prime' o grau especulativo.

Já as restantes duas agências usam letras, tal como na avaliação de longo prazo, com a diferença de que têm menos níveis. A S&P usa as letras de A a D, ao passo que a Fitch recorre às letras F (grau de investimento), B, C e D (estas três últimas já no grau especulativo).

A título de curiosidade, a agência canadiana DBRS utiliza os termos 'alto' (high) e 'baixo' (low) nas suas notações, associados a letras. Esses termos correspondem aos sinais de '+' e '-' atribuídos pelas três maiores agências de rating e pela grande maioria das restantes agências.

3.8. Outlook e Credit Watch

Além dos ratings atribuídos em determinado momento, as agências dão também uma indicação sobre a direção que essas notações poderão vir a ter no futuro.

Quando a agência prevê que um rating pode ser alterado nos 6 a 24 meses seguintes, emite um outlook (perspetiva). Se considera que pode haver acontecimentos ou circunstâncias suscetíveis de mexerem com a classificação no curto prazo – normalmente no período de 90 dias – então pode colocar o rating em credit watch (sob revisão).

O outlook (perspetiva) pode ser positivo, negativo, estável ou em evolução. No primeiro caso, a agência está a indicar que o rating poderá subir. Se, pelo contrário, o outlook for negativo, significa que a notação poderá descer. Uma perspetiva estável revela que há fortes probabilidades de a notação se manter no atual nível quando a sua revisão for divulgada. Quando a perspetiva está em evolução, significa que a classificação tanto pode subir como descer.

Por outro lado, quando uma empresa, entidade local ou Estado fica em credit watch, é também salientada a possibilidade de alteração da notação, mas no curto prazo. Porém, o facto de se estar em credit watch não significa que tenha de haver uma alteração do rating. Finda a avaliação, a agência pode decidir manter a classificação.

Apesar de normalmente se generalizar o termo credit watch para indicar que a qualidade do crédito está sob revisão, sublinhe-se que a terminologia varia consoante as três grandes agências: credit watch (S&P), under review (Moody's) e rating watch (Fitch).[23]

---

[23] Bond Basics, AFME/Investing in Bonds Europe.

Tal como o outlook, o credit watch pode ser positivo (significa que o rating tem probabilidade de subir), negativo (pode descer) ou em evolução (pode subir, descer ou ser reafirmado, isto é, manter-se igual).

3.9. Outros indicadores

As agências têm vindo a afinar as suas medidas de risco, muito especialmente depois das fortes críticas de que foram alvo devido à crise financeira – que posteriormente se tornou também numa crise económica – que teve início em 2007.

Se bem que a notação da dívida de longo prazo seja uma das medidas de risco a que os mercados prestam maior atenção, saliente-se que as agências de rating analisam e avaliam também setores de atividade e vários outros segmentos e entidades, como fundos do mercado de capitais, companhias de seguros ou ações preferenciais. E cada uma destas avaliações tem a sua própria escala de símbolos, com correspondência à escala de base.

Na banca, por exemplo, existem avaliações muito específicas. Uma agência de rating, além de avaliar a dívida de um banco (a sénior, a garantida, de curto ou de longo prazo, por exemplo) ou uma emissão específica, pode ainda avaliar o rating individual do próprio banco.

Ao contrário dos ratings tradicionais de obrigações ou depósitos (em moeda local ou estrangeira), estes ratings individuais são atribuídos a bancos e não a emissões de dívida específicas. Tratam-se, assim, de pareceres sobre o risco de crédito autónomo de uma entidade bancária.

Este rating individual, que mede então a solidez financeira intrínseca de um banco, é expresso sob diferentes formas por parte das três principais agências de notação financeira. A S&P chama-lhe perfil de crédito individual (Stand-Alone Credit Profile, SACP), ao passo que a Moody's lhe dá o nome de Bank Financial Strength Rating (BFSR – que também avalia a probabilidade de um banco ter de recorrer a apoio externo para sobreviver). Já a Fitch denomina este indicador de Bank Individual Rating (avaliação da solidez intrínseca no caso de o banco não conseguir depender de formas de apoio externo).

Sublinhe-se que a Fitch incorporou este rating individual no rating de viabilidade, uma medida de risco para as instituições financeiras introduzida pela agência a 20 de julho de 2011, que tem como objetivo avaliar as pressões sobre a liquidez e financiamento dos bancos.

O Stand-Alone Credit Profile da S&P, que avalia a solidez financeira do banco, reflete a perspetiva da agência em relação à solidez fundamental do banco, a que chama de Bank Fundamental Strength Rating (BFSR – acrónimo igualmente usado pela Moody's, mas com um diferente significado para a letra F).

A Moody's recorre também ao chamado Baseline Credit Assessment (BCA), que representa o equivalente ao BFSR na escala tradicional dos ratings de longo prazo. Exemplo: a Moody's atribui um BFSR de B+ ao Rabobank, o que se traduz num BCA de Aa2.

Por seu lado, a Standard & Poor's procede também à avaliação da capacidade de sobrevivência dos bancos. Trata-se de um parecer sobre a probabilidade de um banco permanecer em atividade no médio prazo – quer seja diretamente ou através de uma organização sucessora – independentemente de estar solvente ou insolvente ou de honrar a tempo os seus pagamentos. Esta opinião sobre a capacidade de sobrevivência de um banco está estreitamente associada ao rating que é dado à dívida do emitente, sendo geralmente igual ou superior a esse rating. Quando a avaliação diz que a capacidade de sobrevivência do banco é relativamente baixa, a agência não quer com isso opinar que esse banco poderá ir à falência. Em vez disso, indica que há uma vulnerabilidade a circunstâncias adversas, que poderá afetar a capacidade do banco de cumprir atempadamente os seus compromissos financeiros.

Entre outras medidas de risco, temos também o caso da dívida garantida. Quando uma agência de rating atribui uma notação à dívida garantida de um banco, está a classificar apenas as emissões de dívida desse banco que têm garantia estatal.

Por outro lado, a Fitch tem ainda os indicadores de Support Rating e de Support Rating Floor. O primeiro é uma medida que avalia a capacidade de obtenção de financiamento externo (junto de grandes investidores institucionais, por exemplo) por parte do banco no caso de dificuldades financeiras. O segundo avalia a probabilidade de haver apoio por parte do governo.

4. Crise mundial e atividade das agências de rating

A mais recente crise financeira surgiu em 2007, nos Estados Unidos, com a chamada crise do subprime. Mas, para começar, em que consiste o subprime? Trata-se de um empréstimo hipotecário de alto risco, devido à fraca capacidade do devedor para cumprir os seus pagamentos. Assim, a crise do subprime tornou-se sinónimo de crise no mercado imobiliário, já que este foi um dos primeiros indicadores de descarrilamento da economia.

Recuando um pouco mais, de modo a entender toda a envolvente que levou à crise, há que sublinhar o facto de o banco central norte-americano (Reserva Federal, ou Fed) ter começado a cortar a taxa de juro de referência (a Fed Funds Rate) em 2001, no primeiro ano de governo do presidente George W. Bush, como forma de estimular a economia, incentivando a expansão da produção e do consumo.

No início de 2001, essa taxa estava nos 6,5%. A Fed cortou-a 11 vezes, terminando o ano fixada em 1,75% – a taxa mais baixa desde julho de 1961. A primeira descida do ano ocorreu a 3 de janeiro, quando passou para 6%, e a última foi decidida a 11 de dezembro, quando se fixou nos 1,75%.

O aumento do desemprego e a queda do Produto Interno Bruto, conjugados com os ataques terroristas de 11 de setembro, começavam a afetar a atividade em muitos setores da economia, que estava já em recessão. Os receios de novos atentados terroristas e o pânico instalado com a morte de várias pessoas devido a encomendas postais infetadas com antraz (o temível pó branco) continuavam a penalizar a confiança dos consumidores e dos empresários. Assim, a descida dos juros foi uma forma de tentar revitalizar a economia norte-americana. O acesso ao crédito ficou bastante facilitado. Em demasia, conforme veio a ser comprovado mais tarde.

Em 2002, a Fed procedeu a um único corte da taxa de juro de referência, ao reduzi-la em 50 pontos base a 6 de novembro, para 1,25%.

No ano seguinte, a criação de emprego continuava em níveis muito baixos e o investimento das empresas não estava a descolar, pelo que a taxa de juro desceu ainda mais. A Fed determinou um corte, a 25 de junho de 2003, para 1%. Há 45 anos que não estava tão baixa.

4.1. Bolha do subprime

Perante este cenário, as entidades de concessão de crédito deixaram de ser tão exigentes nas condições que fixavam para que os seus clientes obtivessem empréstimos. E foi essa facilidade de acesso ao financiamento que levou a um forte movimento de compra de casas, criando uma bolha no mercado imobiliário – que viria a estoirar, tal como tinha acontecido com a bolha da Internet (dot.com) a 10 de março de 2000.

Os clientes estavam divididos em três grandes categorias: os prime, os Alt-A (abreviação de Alternative A-paper) e os subprime.

As pessoas integradas na categoria prime eram as que dispunham de rendimentos elevados e uma capacidade comprovada de cumprimento das suas obrigações financeiras. Neste caso, os empréstimos prime eram considerados bastante seguros para o credor.

Os clientes que se inseriam no grupo dos empréstimos Alt-A estavam no nível intermédio, sendo assim considerados mais arriscados do que os prime, mas menos do que os subprime.

A categoria subprime era a mais arriscada de todas e incluía os clientes com rendimentos mais baixos, pelo que a sua capacidade creditícia era mais fraca. No limite desta categoria estavam os créditos NINJA (No Income, No Job, No Assets), que eram atribuídos a clientes sem rendimentos, sem emprego e sem património. Ou seja, sem quaisquer meios a que os bancos pudessem recorrer se estes deixassem de pagar as suas prestações.

Com a descida das taxas de juro, mais pessoas conseguiam aceder ao crédito, incluindo as que tinham rendimentos mais baixos. Assim, enquanto a bolha persistiu, a aquisição de casas foi aumentando e, simultaneamente, os preços dos imóveis também valorizaram fortemente.

4. CRISE MUNDIAL E ATIVIDADE DAS AGÊNCIAS DE RATING

Em 2004, o sonho americano – que passava por ter casa própria – estava no auge: a taxa de proprietários de imóveis nos EUA disparou para um máximo de sempre, nos 69,2%.[24] Mas a concretização do sonho ia começar a ter custos.

4.2. Sobe e desce dos juros

Nesse mesmo ano, a Reserva Federal norte-americana começou a subir a taxa de juro de referência. Procedeu a quatro aumentos. No final de 2004, a taxa estava já nos 2,25%. As subidas mantiveram-se até 29 de junho de 2006, quando se fixou nos 5,25%. Nessa altura, os preços das casas já tinham começado a descer e muitas famílias estavam a deixar de conseguir pagar os seus empréstimos hipotecários.

Só a 18 de setembro de 2007 é que a Fed voltou a mexer nos juros, cortando a chamada taxa diretora de 5,25% para 4,75%. Nessa altura, os níveis de incumprimento de quem tinha contraído empréstimos para compra de casa disparavam. E era só o começo. O crédito malparado viria a atingir níveis nunca antes vistos.

O mercado imobiliário tinha vivido uma época dourada. Só entre 2003 e 2007, os empréstimos hipotecários subprime nos EUA tinham aumentado 292%, devido sobretudo ao facto de o setor privado ter entrado no mercado das obrigações hipotecárias, que tinha sido um domínio quase exclusivo de empresas de concessão de crédito patrocinadas pelo governo, como a Fannie Mae e a Freddie Mac.[25]

Antes da bolha imobiliária, por norma, os bancos financiavam as suas concessões de empréstimos através dos depósitos que recebiam dos seus clientes. Isso também limitava o volume de crédito à habitação que era concedido. Com a queda dos juros e a expansão do mercado imobiliário, "os bancos transitaram para um novo modelo, em que passaram a vender as hipotecas nos mercados de obrigações. Com isso, tornou-se muito mais fácil financiar novos empréstimos. No entanto, a situação também levou a abusos, pois os bancos deixaram de ter o incentivo de analisar cuidadosamente as hipotecas emitidas".[26]

---

[24] Dados do US Census Bureau.
[25] "Subprime crisis impact timeline", Wikipedia.
[26] "The downturn in facts and figures", *BBC News*, 21 de novembro de 2007.

A Fed viria mais tarde a ser alvo de acesas críticas pelo facto de não ter sido capaz de exercer a sua autoridade de supervisão e regulação sobre os bancos, intermediários financeiros e outras entidades de concessão de crédito, tendo estes deixado de se reger pelos habituais padrões para a atribuição de empréstimos, como o historial profissional, o rendimento, os ativos ou o dinheiro de entrada pela casa.

4.3. Criatividade do sistema financeiro

Muitas instituições financeiras emitiam grandes quantidades de dívida e financiavam-se através de títulos garantidos por hipotecas, os chamados MBS (Mortgage-Backed Securities). Ou seja, vendiam pacotes de créditos dos seus clientes a terceiros, permitindo assim que os compradores pudessem cobrar esses mesmos empréstimos a quem os tinha contraído. Como muitos compradores pediam crédito para adquirir estes produtos, quando a crise estalou o contágio deu-se a todos os níveis da cadeia de financiamento.

Além disso, também essas próprias instituições investiam neste tipo de títulos, especialmente os grandes bancos. O investimento em MBS estava a florescer porque era convicção geral que os preços dos imóveis continuariam a subir e que as famílias continuariam a honrar o pagamento das suas prestações.

Nesta altura, a criatividade do sistema financeiro estava ao rubro e muitos novos instrumentos de dívida começaram a fazer parte do quotidiano dos mercados. Termos como MBS, CDS, ABS ou CDO começaram a ser bem conhecidos, todos eles tipos básicos de instrumentos titularizados.

A titularização (securitização) pode ser designada como a combinação de ativos, agregados em pacotes, que dão origem a produtos financeiros. E como decorre este processo? Os créditos, depois de agregados, são transmitidos a uma entidade especialmente constituída para o efeito (Special Purpose Vehicle), a que se dá o nome de veículo de securitização. Por sua vez, esse veículo procede à emissão de valores mobiliários (títulos), colateralizados (garantidos) por esses créditos, que são então negociados no mercado.

Uma das maiores vantagens da titularização de créditos, para os bancos, decorre da possível imediata desafetação dos capitais próprios

4. CRISE MUNDIAL E ATIVIDADE DAS AGÊNCIAS DE RATING

regulamentares obrigatórios a que as referidas instituições se encontram sujeitas sobre o volume do crédito concedido. Isto, claro, na parte referente à carteira de crédito que é removida do balanço dos bancos para efeitos de titularização.[27] Além de não serem obrigados a deter no capital próprio o montante exato do crédito que atribuem, ao venderem estes produtos, os bancos estavam também a transferir o risco associado a esses empréstimos.

Assim, muitos instrumentos financeiros, alguns bastante complexos, começaram a disseminar-se e a ganhar maior popularidade. Entre eles estavam os ABS (Asset-Backed Secutities – títulos garantidos por ativos), as CDO (Collateralized Debt Obligation – obrigações de dívida colateralizada) e os já referidos MBS.

Estes títulos eram, na sua maioria, garantidos por hipotecas, tendo sido os instrumentos com maiores responsabilidades na crise financeira e económica iniciada em 2007.

Sublinhe-se que, dentro dos MBS, havia os RMBS (Residential Mortgage-Backed Securities) e os CMBS (Commercial Mortgage-Backed Securities), consoante se tratasse de hipotecas residenciais ou comerciais. Estes títulos, ao serem garantidos por ativos, eram uma forma de ABS.

Com o maior investimento neste tipo de produtos, ganharam também força os CDS (Credit Default Swaps) – seguros contra o incumprimento de um emitente de dívida. No caso português, por exemplo, os CDS contra o incumprimento da dívida soberana dispararam sempre que o rating da República Portuguesa baixou.

Todos estes instrumentos – que ainda existem – registaram uma procura explosiva e o aumento de especulação no mercado devia-se ao facto de serem considerados seguros. Ninguém imaginava que poderiam vir a sofrer uma derrocada, na sequência do estoiro da bolha imobiliária.

As CDO, por exemplo, são geridas por entidades que compram a exposição a uma carteira de empréstimos e dividem o risco de crédito por diversas tranches: tranches sénior (com rating de crédito AAA),

---

[27] "Titularização de créditos", IAPMEI.

tranches mezzanine (rating de AA a BB) e tranches de equity (sem rating).[28]

Assim, as agências de rating assumem também um papel importante nos processos de titularização, já que atribuem as suas notações aos novos produtos financeiros – notações essas que terão reflexos no estabelecimento do preço de emissão.

4.4. Ratings de topo e conflitos de interesses

E foi precisamente o facto de as agências terem atribuído notação máxima a muitos destes produtos, que agregavam hipotecas subprime, que levou a que fossem fortemente criticadas e acusadas de terem tido um papel preponderante no início da crise. Cerca de 60% de todos os títulos garantidos por hipotecas residenciais (MBS) tinham um rating Triplo A durante a fase de expansão da concessão de empréstimos.

Mas como era isso possível, sobretudo tendo em conta que os ativos subjacentes aos títulos emitidos eram hipotecas subprime? Tratava-se de uma fraude praticada pelas agências de notação financeira? A teoria diz que não tem de ser uma fraude, explica o economista Raghuram Rajan no seu mais recente livro, intitulado "Linhas de Fratura".[29]

Segundo Rajan, "há uma série de circunstâncias em que uma significativa percentagem dos títulos emitidos tendo como contrapartida um pacote de empréstimos de baixa qualidade pode ter uma classificação alta". A título de exemplo, as agências atribuíam o 'Triplo A' aos MBS pelo facto de esses títulos serem emitidos por bancos com boas classificações de crédito ou pelo facto de serem segurados por empresas com linhas de crédito que estavam igualmente bem classificadas. Assim, os títulos eram avaliados de acordo com o rating da empresa seguradora, em vez de refletirem o verdadeiro risco de incumprimento dos empréstimos implícitos nesses pacotes de MBS.[30]

Mas havia outros fatores. "Muitas instituições que estavam a vender os créditos em operações de titularização tentaram mascará-los, misturando bons com maus créditos, mas cabia às agências de rating avaliar

---

[28] "CDO", Think Finance.
[29] Raghuram Rajan, "Linhas de Fratura", Verbo, 2011.
[30] "Mortgage-Backed Securities", Wikinvest.

exatamente o risco do conjunto dos créditos", segundo Pedro Almeida, da Associação dos Investidores e Analistas Técnicos do Mercado de Capitais (ATM).[31]

Por outro lado, os novos produtos financeiros garantidos por empréstimos hipotecários eram isso mesmo... novos. Assim sendo, não havia grande historial sobre o seu desempenho e as agências acabaram por ser demasiado otimistas quando analisaram o seu risco de incumprimento.

Consequentemente, a reputação das agências de crédito foi fortemente penalizada quando veio a lume a má interpretação que fizeram desses produtos financeiros. As agências defenderam-se, dizendo que o rating visa calcular a qualidade do crédito de um emitente e a sua probabilidade de incumprimento, não sendo por isso uma recomendação de compra de títulos ou uma previsão dos preços de mercado.

Mas o certo é que as agências de rating ganharam muito dinheiro ao atribuírem notações às obrigações de dívida colateralizada e aos títulos garantidos por hipotecas residenciais, bem como a outros produtos intimamente ligados à indústria do subprime, que mais tarde vieram a revelar-se desastrosos. "Os ratings destes produtos eram um fator essencial para a forma como os bancos os comercializavam. Os compradores – como fundos de pensões, fundos universitários e municípios – baseavam-se nesses ratings para tomarem as suas decisões de compra de CDO e de outros produtos financeiros estruturados".[32]

Conforme explica Raghuram Rajan, que foi economista-chefe do Fundo Monetário Internacional, as tranches AAA dos títulos garantidos por hipotecas pareciam bastante atrativas, pois ofereciam um retorno mais elevado do que os títulos corporativos com o mesmo rating.

Mas, com o adensar da crise, as correlações entre incumprimentos mostraram ser muito mais elevadas do que aquilo que tinha sido antecipado pelas agências de rating ou pelos investidores. "Em primeiro lugar, a qualidade das novas hipotecas era baixa, pelo que uma queda dos preços das casas e a recusa de refinanciamento eram quase uma

---

[31] "Agências de rating avaliaram mal os riscos do crédito hipotecário", *Agência Financeira*, 28 de agosto de 2008.
[32] "Nationally Recognized Statistical Rating Organization", Wikipedia.

garantia de incumprimento para muitas delas. Em segundo lugar, muitos pacotes de hipotecas eram pouco diversificados em termos de zonas geográficas".[33]

O facto de tantos bancos nos Estados Unidos estarem expostos às mesmas carteiras diversificadas de títulos "aumentou a probabilidade de correlação entre incumprimentos, porque todos os bancos do país reduziriam em simultâneo a concessão de crédito à habitação e o refinanciamento se houvesse um problema no mercado, implicando assim que o problema se alastrasse a todo o país", sublinha Rajan em "Linhas de Fratura".

"Evidentemente, a época de expansão que se vivia não fez levantar qualquer suspeita quanto à dimensão do problema, pois os crescentes preços das casas e o fácil refinanciamento permitiam que ninguém entrasse em incumprimento. Contudo, ao estilo de uma planta carnívora, os títulos garantidos por hipotecas AAA mascaravam os seus riscos com os ratings que obtinham, sendo que os seus atrativos retornos seduziam muitos investidores com poucos conhecimentos de finanças, e muitos outros que deveriam ter sabido no que se estavam a meter".[34]

O mercado das CDO estava bastante concentrado: "seis ou sete emitentes controlavam a maioria do mercado e este acabou por representar 50% das receitas totais obtidas pelas agências de notação através dos seus ratings", salienta Luigi Zingales, professor de Empreendedorismo e Finanças na Universidade de Chicago. "Subitamente, os emitentes passaram a ter uma influência muito maior sobre as agências de notação financeira, que, à semelhança de qualquer bom vendedor, se mostraram prontas a ceder um pouco para não perderem clientes importantes".[35]

Por conseguinte, o mercado das CDO não propagou grandemente o risco, "apenas" o transferiu e camuflou, na opinião de Zingales. "Quando o mercado imobiliário norte-americano começou a desmoronar-se, os maiores subscritores não entraram imediatamente em falência porque tinham vendido a vasta maioria dos seus empréstimos

---

[33] Raghuram Rajan, "Linhas de Fratura", Verbo, 2011.

[34] *Idem.*

[35] Luigi Zingales, "A alquimia financeira da Europa", Project Syndicate, 2010.

no mercado das obrigações de dívida colateralizada. No entanto, a incerteza criada por estas CDO acabou por quase fazer ruir todo o sistema bancário norte-americano".[36]

Com a subida dos juros por parte da Reserva Federal (Fed), a par com a queda dos preços das casas, as famílias começaram a deixar de poder pagar os seus empréstimos. O crédito malparado disparou e os títulos que agregavam hipotecas subprime começaram a ser responsáveis por fortes perdas entre quem os tinha em mãos. Os bancos que detinham elevadas quantidades destes produtos financeiros nos seus balanços entraram em derrapagem. Os ativos outrora dourados passaram a ser considerados ativos tóxicos.

4.5. O fogo e as cinzas

À medida que a crise evoluía, em 2007 e 2008, e os Estados Unidos mergulhavam na recessão, as críticas às agências de rating multiplicavam-se. Sublinhava-se especialmente o facto de haver conflito de interesses na atribuição de ratings, uma vez que as agências são pagas pelas empresas que vendem dívida aos investidores.

Mas seriam as agências as únicas a quem devia ser apontado o dedo? Num artigo de 6 de setembro de 2007, intitulado "Credit and Blame", a revista *The Economist* dizia que "as agências não são as únicas, nem sequer as principais, culpadas pela crise do subprime. A indústria hipotecária norte-americana estava podre de cima a baixo, desde os compradores que mentiram sobre os seus rendimentos para poderem ser qualificados para a obtenção de empréstimos, até aos investidores que compraram obrigações no mercado secundário sem investigarem o suficiente".

Um ano mais tarde, os alicerces mais podres começaram a desmoronar-se. O dia 15 de setembro de 2008, apesar de ser um domingo, não foi um dia de descanso. Muito pelo contrário. Apesar de os Estados Unidos terem já resgatado algumas instituições financeiras, consideradas 'demasiado grandes para falir' [o termo 'to big to fail' foi imortalizado durante a crise], não o fizeram com o banco norte-americano Lehman Brothers – que nesse 15 de setembro apresentou falência.

[36] *Idem.*

No dia seguinte, as bolsas mundiais reagiram com um forte movimento de queda. O pânico estava instalado. Já não era um problema só dos Estados Unidos. Na Europa, por exemplo, muitos bancos e fundos europeus tinham uma forte exposição a esses produtos das instituições norte-americanas, já que também tinham investido neles.

Nessa altura, a Fed já tinha recomeçado a descer os juros. A taxa diretora, que entre 30 de junho de 2004 e 29 de junho de 2006 se tinha mantido nos 5,25%, tinha sido cortada para 4,75% a 18 de setembro de 2007. Quando o Lehman se desmoronou, a taxa de juro de referência já estava nos 2%. No final desse ano, desceu para um mínimo histórico, entre 0% e 0,25%. Desde então, assim tem permanecido. No entanto, o país demorou a sair da recessão (a crise financeira foi a mais grave desde a Grande Depressão), o mesmo acontecendo na Europa.

4.6. Críticas da Europa

A crise de liquidez, que acabou por também afetar o Velho Continente, intensificou a onda de acesas críticas às agências de rating e às entidades reguladoras dos mercados de capitais, que não tinham sabido percecionar o risco nem antecipar a crise.

E não foram apenas os bons ratings atribuídos aos novos e sofisticados produtos financeiros que colocaram a Moody's, S&P e Fitch no centro das críticas. Entre alguns dos grandes erros apontados às "três irmãs" estão as notações elevadas que atribuíam ao Lehman Brothers, WorldCom, Parmalat, Global Crossing e Enron numa altura em que, conforme se verificou posteriormente, já enfrentavam sérias dificuldades.

As agências alegaram que os dados contabilísticos que essas empresas lhes tinham fornecido estavam falseados, justificando assim a errada atribuição de "notas altas". Mas o certo é que as falhas não se concentraram unicamente no setor empresarial. Um exemplo é o caso da Islândia, que tinha ratings elevados quando entrou em derrapagem.

Com o desencadear da crise, a intensificação da atividade das agências, desta vez em sentido contrário, com sucessivos cortes de ratings soberanos, especialmente dos chamados países periféricos da Zona Euro, levou a que a União Europeia tecesse pesadas críticas às agências. Críticas essas que tiveram eco um pouco por todo o mundo.

4. CRISE MUNDIAL E ATIVIDADE DAS AGÊNCIAS DE RATING

No entanto, Jean Pisani-Ferry, num artigo de opinião intitulado "O caminho sinuoso da reforma financeira", sublinhou que seria lamentável se fosse pedido aos governos que exigem que as instituições financeiras sejam mais prudentes na gestão do risco que, ao mesmo tempo, fizessem vista grossa no que diz respeito ao risco soberano.

"Mesmo que isso pareça injusto, é lógico que se espere que as agências de rating, que foram muito pouco estritas nas avaliações que fizeram ao risco do crédito, sejam agora rigorosas na avaliação de todas as formas de risco, incluindo o risco soberano", escreveu o professor de Economia da Universidade de Paris-Dauphine.[37]

Contudo, as agências ficaram sob fogo cerrado. E não gostaram. No final de março de 2011, as três principais agências demonstraram que não tinham apreciado a ideia de a Comissão Europeia as responsabilizar juridicamente por erros de avaliação e fizeram saber que poderiam deixar de atribuir notações aos países de risco.

Este intensificar de tensões deu-se após a S&P ter cortado uma vez mais as classificações de Portugal e da Grécia, tendo a notação portuguesa ficado a apenas um nível do chamado lixo e a grega abaixo do rating do Egito – país que atravessava um momento político delicado depois da revolta social que levou ao derrube do regime de Hosni Mubarak.

A Moody's e a Fitch também tinham procedido a downgrades da dívida soberana de outros Estados-membros da Zona Euro nos meses anteriores, elevando o grau de incerteza entre os investidores.

Consequentemente, as autoridades europeias anunciaram que estavam a ponderar responsabilizar juridicamente as agências de notação financeira no caso de uma determinada avaliação – como um corte da classificação da República Portuguesa ou da Irlanda – acabar por se revelar errónea.

As agências ficaram preocupadas com essa perspetiva, receando ficar expostas a pedidos de reembolso de crédito por parte de milhares de detentores de obrigações soberanas. Daí terem contra-atacado. Mas até ao momento, tudo permanece igual.

---

[37] Jean Pisani-Ferry, "O caminho sinuoso da reforma financeira", Project Syndicate, 2010.

Bom... nem tudo. No final de outubro de 2011, as unidades europeias da Moody's, Fitch, Standard & Poor's e DBRS receberam o registo da UE, tendo começado a ser reguladas pela Autoridade Europeia para os Mercados e Valores Mobiliários (ESMA, na sigla em inglês).

Trata-se da primeira vez que estas agências serão reguladas por uma única entidade reguladora dos mercados financeiros na Europa. E o que significa isso, em termos práticos? Significa que a ESMA – criada em janeiro de 2011 e em funcionamento desde abril – vai supervisionar diretamente a DBRS e as chamadas "três irmãs", em vez de simplesmente coordenar o trabalho dos reguladores nacionais dos 27 Estados-membros da União Europeia.

"Para poderem atuar na União Europeia, a regulação comunitária sobre as agências de rating exige que estas estejam registadas em cumprimento com os requisitos dessa regulação", explicou a ESMA em comunicado. Com efeito, as unidades europeias destas agências passaram a ser obrigadas, pela nova legislação comunitária, a registar-se junto da ESMA para poderem prosseguir as suas atividades junto dos 27 países da União Europeia.

"Hoje, ao colocar estas agências de rating, globalmente ativas, sob o chapéu da supervisão europeia, a Europa está a dar um grande passo em direção a um mercado mais sólido de notação do crédito, com uma maior transparência e fiabilidade. Ao supervisionar estas entidades, a ESMA contribuirá para a qualidade dos ratings, o que é crucial para o bom funcionamento dos mercados financeiros e para a proteção do investidor. O registo destas agências permite à ESMA arrancar com inspeções no terreno e avaliar a forma como as agências de rating cumprem as exigências em áreas como a governação, conflitos de interesse e transparência", sublinhou o presidente da ESMA, Steven Maijoor, no comunicado da entidade reguladora.

A ESMA anunciou ainda que continuaria a aceitar os ratings emitidos pelas unidades não-europeias das agências durante um período de transição de três meses (até 31 de janeiro de 2012), podendo estender esse prazo por mais três meses (até 30 de abril de 2012). Este seria o tempo que a reguladora europeia considerava necessário para essas entidades se adequarem às novas normas.

4. CRISE MUNDIAL E ATIVIDADE DAS AGÊNCIAS DE RATING

Além deste registo, em meados de novembro surgiu outra novidade: a União Europeia apresentou as suas propostas relativamente às agências de rating. E uma delas prevê que os investidores possam processar as agências em tribunais nacionais.

O comissário europeu para os Mercados Financeiros, Michel Barnier, referiu num comunicado de 11 de novembro que a nova regulação europeia – destinada a reforçar a supervisão da atividade das agências de rating – visa diminuir a dependência em relação às notações, reforçar a concorrência e eliminar os conflitos de interesse.

Além disso, o projeto legislativo visa igualmente a criação de um quadro europeu de responsabilidade civil em caso de negligência grave.

O comunicado de Barnier seguiu-se a um "incidente" grave, na expressão do próprio comissário francês, com a agência S&P. No dia anterior, a Standard & Poor's enviara um e-mail aos investidores anunciando que tinha cortado o rating da dívida soberana de França. Mas, pouco depois, disse tratar-se de um engano devido a "erro informático". Isso não impediu, contudo, uma forte subida dos juros das obrigações francesas antes de ser desfeito o "erro". Esse "erro", conforme se verificou posteriormente, esteve apenas no "timing", uma vez que a S&P cortou mesmo a notação de França a 13 de janeiro de 2012.

4.7. Os acrónimos e os protestos

Em 2008, com a crise económica a revelar-se de forma mais acentuada em alguns países da chamada periferia da Zona Euro, rapidamente se disseminou um termo para os englobar: PIGS. Este acrónimo representa os quatro países que nessa altura estavam em maiores dificuldades devido ao endividamento e ao défice público: Portugal, Itália, Grécia e Espanha. Quando o "Financial Times" o usou, em setembro desse ano, motivou acesos protestos por parte de um grupo de empresários espanhóis e pelo então ministro português da Economia, Manuel Pinho, que o considerou pejorativo.

Mais tarde, passou a PIIGS, quando foi introduzida a Irlanda. E houve até quem se referisse à possibilidade de virem a ser os PIIGGS, sendo que o segundo 'G' seria para 'Great Britain' (Grã-Bretanha). No entanto, os britânicos têm sido deixados de fora, já que os mercados desviaram as atenções para outros países de fora deste grupo, como a França.

E uma vez que PIIGS é um termo politicamente incorreto, já que remete para "porcos", houve quem propusesse que seria melhor utilizar a designação de GIPSY (sendo que o Y se refere a Itália – ItalY). No entanto, a transformação de "porcos" em "ciganos" continua a não ser, compreensivelmente, do agrado geral.

Entretanto, surgiu também o acrónimo STUPID (Espanha, Turquia, Reino Unido [UK], Portugal, Itália e Dubai), que remete igualmente para alguns dos países que vivem atualmente crises orçamentais. Como seria de prever, foi um termo que também gerou protestos.

4.8. Agência europeia de rating

Durante o ano de 2011, a par do estender das críticas às agências de rating e com as propostas de uma maior regulação das mesmas, começou também a ser mais fortemente defendida a criação de uma agência de rating europeia, cujos moldes têm vindo a ser debatidos. De facto, a existência de uma agência europeia de rating diminuiria a dependência das empresas e dos Estados face às três agências dominantes.

Em meados de julho de 2011, um consultor da Roland Berger, Markus Krall, calculou que a criação de uma agência europeia de rating deverá custar 300 milhões de euros. Para isso, sublinhou, estava a ser criado um consórcio com um máximo de 25 participantes, cada um deles investindo 10 milhões de euros. A ideia será também que esta agência cobre pela atribuição de ratings menos de metade do valor que é cobrado pelas três grandes.

E como é que se conseguirá cobrar menos de metade do que aquilo que é exigido pela Fitch, pela Moody's e pela Standard & Poor's? A resposta está no facto de as comissões à agência serem pagas pelos investidores e não por quem emite a dívida que será avaliada. Esta ideia, a avançar, será um regresso às origens.

Mas há várias outras propostas em cima da mesa para a criação de uma agência europeia de rating, tanto com capitais públicos como privados. Na Alemanha, por exemplo, há quem garanta ter o apoio de famílias abastadas do país no sentido de ser criada uma agência com sede na Suíça.

4.9. Maior regulação da atividade das agências

Nos Estados Unidos, a autoridade reguladora do mercado de capitais, a Securities and Exchange Commission (SEC), que é a congénere da

CMVM em Portugal, abriu um inquérito para averiguar o que tinha corrido mal, a ponto de levar a uma crise tão grave.

Sublinhe-se que tinha sido a própria SEC a abrir caminho ao nascimento das agências de rating, em meados da década de 70. Estas agências já atribuíam graus de qualidade do crédito desde o início do século, mas só em 1975 é que a SEC tinha começado a fazer uma referência explícita – nas suas regras – aos ratings do crédito.

Em 1975, a entidade reguladora promulgara regras de exigência de capital para os bancos e corretoras. A ideia era que os bancos e outras instituições financeiras não tivessem de manter nas suas reservas o montante de capital necessário para os proteger (em caso de corrida ao levantamento de depósitos, por exemplo) se investissem em títulos seguros, como as Obrigações do Tesouro ou papel comercial de empresas estáveis.

A segurança desses títulos estaria refletida nos seus ratings, atribuídos pelas agências reconhecidas e certificadas pela SEC. Essas agências eram as chamadas NRSRO (Nationally Recognized Statistical Rating Organization – organização de rating estatístico reconhecida a nível nacional).

Para a SEC, que procurava encontrar uma forma de assegurar que as entidades que regulava dispunham de capital suficiente, foi muito mais fácil aceitar as opiniões das agências de rating do que ter de analisar cada obrigação por sua conta.

Ainda hoje, apenas os ratings das agências que possuem a designação de NRSRO – atualmente, os EUA englobam 10 agências nesta categoria – são reconhecidos para efeitos legais. Sublinhe-se ainda que, em todo o mundo, muitos reguladores exigem que uma entidade ou emissão tenha pelo menos dois ratings.

Até 2002, o estatuto de NRSRO esteve durante muito tempo reservado apenas às "três irmãs", mas a SEC, devido à pressão política e a receios de concentração neste setor, acrescentou mais sete agências de rating a este grupo.

Em 2003, a canadiana Dominion Bond Rating Service (DBRS) juntou-se às três grandes e em 2005 foi a vez da A.M. Best. Em 2007, foram reconhecidas duas agências japonesas, a Japan Credit Rating Agency e a Ratings and Investment Information, bem como a norte-americana

Egan-Jones Rating Company (EJR). Posteriormente, juntaram-se ao grupo a LACE Financial e a Realpoint LLC.

Destas 10 agências reconhecidas pela SEC como NRSRO, apenas a Egan-Jones Rating Company – agência independente fundada por Sean Egan e Bruce Jones que se iniciou na atribuição de notações em dezembro de 1995 – tem um modelo em que quem paga é o investidor e não o emitente.

No que diz respeito às outras nove NRSRO, os emitentes escolhem quais as que querem contratar e pagam-lhes pelos seus serviços, uma vez que o modelo de funcionamento é o do "issuer-pays" [é o emitente quem paga]. Muitos criticam esta dinâmica, dizendo que leva a conflitos de interesse nas agências, pelo que têm surgido em todo o mundo, especialmente na Europa e nos EUA, tentativas de reforma deste processo.

Ainda em 2006, antes do início da crise, o Congresso norte-americano aprovou a Lei de Reforma das Agências de Rating, que exigia à SEC que definisse diretrizes claras para determinar que agências de rating poderiam ser qualificadas como NRSRO. Além disso, a nova lei conferia à SEC o poder de regular os procedimentos internos dessas mesmas NRSRO no respeitante aos seus registos e à forma como se precavinham contra conflitos de interesses, se bem que não pudesse intervir nas metodologias de atribuição de rating. Em junho de 2007, a SEC promulgou novas regras que implementaram as cláusulas da referida lei.[38]

Contudo, a SEC não foi capaz de monitorizar capazmente estas agências. As críticas de que a autoridade reguladora foi alvo levaram-na a propor regras, em junho de 2008, destinadas a acabar com os possíveis conflitos de interesses entre as agências de rating e os emitentes de títulos estruturados. A 3 de dezembro desse ano, a SEC aprovou medidas visando reforçar a supervisão das agências de rating, após uma investigação de 10 meses em que concluiu existirem "significativas debilidades nas práticas de rating", incluindo conflitos de interesses.

Além do facto de as agências de rating trabalharem para as entidades emitentes da dívida que elas classificavam, havia um outro conflito

---

[38] "Nationally Recognized Statistical Rating Organization", Wikipedia.

de interesses: o facto de estarem cotadas em bolsa, que era o caso da Moody's (desde 2001) e da Standard &Poor's enquanto parte integrante da McGraw-Hill. Com efeito, quando uma empresa está em bolsa, há uma maior pressão para crescer e aumentar os seus lucros, de acordo com John C. Bogle, fundador da empresa de gestão de ativos Vanguard Group.[39]

Em 2009, os presidentes das "três irmãs" testemunharam perante o Congresso sobre o papel das suas agências na crise e todos eles reconheceram a sua quota-parte de culpa pelas falhas.

E se as agências foram bastante criticadas por atribuírem notações demasiado elevadas face ao que era a verdadeira situação dos emitentes e da dívida que avaliavam – facto que contribuiu para embrulhar toda a economia na crise e não apenas o mercado imobiliário – também o foram por terem começado a diminuir abruptamente essas mesmas classificações quando a crise se manifestou de forma evidente.

A Comissão norte-americana de Inquérito sobre a Crise Financeira reportou, em janeiro de 2011, que as três grandes agências tinham tido um papel-chave na crise financeira. "Esta crise não teria acontecido sem as agências de rating. As suas notações fizeram o mercado disparar. E depois os seus downgrades, ao longo de 2007 e 2008, provocaram grandes estragos nos mercados e nas empresas", segundo o relatório desta comissão, que salientou que entre o terceiro trimestre de 2007 e o segundo trimestre de 2008 as agências de rating cortaram a classificação do equivalente a 1,9 biliões de dólares em MBS.[40]

Em abril de 2011, o Senado norte-americano concluiu igualmente que as agências de rating, nomeadamente a Moody's e a S&P, tinham sido as grandes responsáveis pela crise. De acordo com as conclusões da investigação, estas agências continuaram a atribuir notações elevadas a produtos tóxicos, mesmo depois do estoiro da bolha do mercado imobiliário. É por isso que o sistema de atribuição de ratings por parte das agências tem sido alcunhado por muitos como uma fábrica de produção de AAA.

---

[39] "Credit rating agencies and the subprime crisis", Wikipedia.
[40] *Idem.*

Segundo o relatório do Senado dos EUA, as referidas agências estavam a par dos problemas no mercado imobiliário desde 2006, mas não tinham tido qualquer incentivo para serem mais exigentes nas suas classificações. Muito pelo contrário, pois as suas receitas aumentaram exponencialmente com a maior procura de emitentes ávidos de colocar produtos bem classificados no mercado. Recorde-se que a faturação das agências provém substancialmente dos emitentes de títulos que lhes solicitam ratings. Se as notações atribuídas não fossem boas, os emitentes não expandiriam tão fortemente a atividade de emissão de títulos para se financiarem, pelo que ambos os lados sairiam a perder.

A 21 de julho de 2010, o presidente Barack Obama promulgou a lei Dodd-Frank, que veio reforçar a reforma do sistema financeiro norte-americano. Esta lei visa que os reguladores tenham um maior controlo sobre alguns aspetos que ainda escapam à sua atuação e prevê também a imposição de novas regulações às agências de rating, limitando assim os potenciais conflitos de interesse. No âmbito desta nova legislação, a SEC foi incumbida de, nos próximos anos, analisar todo o modelo de negócio das agências de notação financeira e propor ao Congresso norte-americano modelos alternativos.

No entanto, o debate sobre a reforma do sistema de atribuição de ratings prossegue a nível global. Há quem proponha que se retirem – das regras existentes – as referências às agências de rating, enquanto outros sugerem que sejam mais fortemente reguladas. A primeira opção deixa um vazio e a segunda aumenta a perceção de que os ratings têm aprovação oficial, por isso ainda não foi delineado o plano ideal. Há ainda quem considere que as agências de rating deviam ser transformadas em organizações sem fins lucrativos. Porém, a importância da existência de informação sobre o risco dos emitentes e dos instrumentos de dívida mostra que é necessário que haja um intermediário independente que forneça às comunidades bancárias e de investimento essa mesma informação.[41]

---

[41] Russell Walker, "Role of Credit Rating Agencies as Risk Information Brokers, 10 de setembro de 2010.

4.10. Críticas dos Estados Unidos

As críticas à atuação das agências de rating têm sido bastante intensas um pouco por todo o mundo. Mas, nos Estados Unidos, isso tornou-se mais evidente quando foi a própria dívida soberana do país a ser posta em causa.

Antes disso, os EUA, apesar das investigações levadas a cabo para determinar qual o papel das agências de notação financeira na crise, não tinham sentido a "dor", enquanto país, de ver o rating soberano descer.

Quando os bancos europeus se viram penalizados pelas enormes amortizações dos títulos tóxicos norte-americanos que tiveram que fazer nos seus balanços, os EUA consideraram que estes deveriam ter sabido no que se metiam. "Os norte-americanos agora dizem *caveat emptor* [expressão em latim que significa 'o comprador que se cuide']: os europeus deveriam ter conhecimento do tipo de risco destes títulos quando os compraram. Mas mesmo as CDO com um rating AAA atribuído pelas agências de notação financeira norte-americanas – que as consideravam tão seguras quanto as Obrigações do Tesouro – valem agora apenas um terço do seu valor nominal. Os europeus confiaram num sistema que não era digno de confiança", criticou Hans-Werner Sinn, professor de Economia e Finanças Públicas na Universidade de Munique.[42]

"Há dois anos, Ben Bernanke, presidente da Reserva Federal dos Estados Unidos, defendia que os estrangeiros estavam a comprar títulos norte-americanos porque confiavam no sistema de supervisão financeira da América e queriam participar no dinamismo da sua economia. Agora sabemos que isso era propaganda com o objetivo de manter o capital estrangeiro a fluir, para que as famílias norte-americanas pudessem continuar a financiar os seus estilos de vida", salientou Hans-Werner Sinn no mesmo artigo de opinião.

Mas a crise também atingiu, e fortemente, os Estados Unidos da América. E precisamente em 2011, numa altura em que o país estava a reerguer-se e a recuperação económica começava a dar sinais mais cla-

---

[42] Hans-Werner Sinn, "Títulos pouco fiáveis", Project Syndicate, 2009.

ros, se bem que com lentidão, o país viu-se mergulhado em apuros devido ao seu elevado endividamento. Nos meses de junho e julho, a expressão "debt ceiling" tornou-se uma constante.

E o que é, afinal, este "debt ceiling"? É o limite de endividamento estabelecido pelos Estados Unidos. Ou seja, trata-se de um limite – definido pelo Congresso – ao montante de dívida que o governo federal pode legalmente contrair. Em maio de 2011, os EUA estavam prestes a esgotar esse limite de endividamento, fixado em 14,294 biliões de dólares.

O Congresso norte-americano não conseguia chegar a acordo quanto ao patamar para o novo aumento desse limite de endividamento do país. E era preciso que houvesse acordo até 2 de agosto, caso contrário os EUA poderiam entrar em incumprimento. Com efeito, a partir desse dia, o país não teria como pagar os juros das obrigações nem teria dinheiro para financiar os seus programas governamentais.

Perante este cenário, as agências Moody's, Fitch e S&P colocaram a dívida soberana dos EUA sob vigilância negativa.

O acordo no Congresso aconteceu, mesmo em cima da hora, com um aumento do limite de endividamento em 2,1 biliões de dólares. Ao mesmo tempo, comprometeu—se a reduzir a despesa em 2,4 biliões de dólares num prazo de 10 anos. Consequentemente, a Moody's e a Fitch não concretizaram – pelo menos por enquanto – a ameaça. Mas a Standard & Poor's fê-lo, defendendo que o compromisso para a redução da despesa deveria ter rondado os quatro biliões de dólares. Na sua opinião, um corte de 2,4 biliões poderá não ser suficiente para estabilizar o nível da dívida.

Assim, a 6 de agosto de 2011, a S&P cortou o rating soberano dos EUA de AAA para AA+, justificando-o com o facto de o país poder não conseguir reduzir o seu elevado défice orçamental. Nunca nenhuma das "três irmãs" tinha tocado no "grande pai", já que todas tinham nascido nos Estados Unidos.

A agência de rating Egan-Jones tinha descido a classificação dos Estados Unidos antes da S&P, mas a decisão desta agência de menor dimensão não teve impacto. O mundo tinha as atenções concentradas nas três grandes.

A 8 de agosto, segunda-feira, a Standard & Poor's desceu a notação de 32 empresas norte-americanas com maior exposição à volatilidade económica do país. As bolsas, que já tinham aberto em forte queda com a decisão do corte soberano durante o fim de semana, acentuaram a tendência de descida.

O governo de Barack Obama criticou ferozmente a decisão da agência, apontando-lhe um erro de cálculo. Apesar desse erro, no valor de dois mil milhões de dólares, que foi reconhecido pela S&P, a agência disse que os seus pressupostos se mantinham, pelo que não voltou atrás no seu parecer sobre a qualidade do crédito da dívida pública norte-americana.

Casualidade ou não, dois acontecimentos de relevo sucederam na S&P após este corte de rating: a 22 de agosto, o presidente da agência, Deven Sharma, anunciou a sua saída; e no mês seguinte a McGraw-Hill anunciou uma reorganização do grupo que resultará na sua divisão em duas empresas.

Apesar de o corte de rating ter desencadeado críticas inflamadas por parte do governo norte-americano, houve quem conseguisse – como sempre – brincar com a situação. "A S&P cortou o rating dos EUA de AAA para A+. E as coisas estão a piorar. Hoje, a Itália, a Inglaterra e a Grécia 'desamigaram-nos' no Facebook", comentou Jay Leno, que conduz o célebre programa televisivo da NBC "The Tonight Show".

5. Sublevação no Facebook

Há muito que as agências de rating estavam "debaixo de fogo", especialmente de cada vez que cortavam algum rating, sobretudo dos países periféricos da Zona Euro. O corte de Portugal para lixo, a 5 de julho, foi a gota de água. Os ânimos exaltaram-se junto da população e as redes sociais – como o Twitter ou o Facebook – foram um dos principais meios escolhidos para expressar essa fúria. Os blogues e fóruns de debate foram igualmente palco de piadas, palavras de desagrado e mesmo insultos.

As páginas criadas contra as agências de rating mantêm-se e vão encontrando cada vez mais adeptos nas redes sociais. Além disso, continuam a ser criadas muitas outras, todas elas com o mesmo objetivo: demonstrar a indignação perante a atividade das agências de notação financeira, uma vez que muitos defendem que são elas as causadoras de tanta instabilidade no mercado da dívida.

Entre os inúmeros exemplos está uma piada que correu e ainda corre na Internet, por meio da qual se explica o que são as agências de rating. E reza assim:

"Todos os dias o Miguel, filho do dono da mercearia, rouba pastilhas elásticas ao pai para as vender aos colegas na escola. Os colegas, cujos pais só lhes dão dinheiro para uma pastilha, não resistem e começam a consumir em média cinco pastilhas diárias, pagando uma e ficando a dever quatro.

Até que um dia já todos devem bastante dinheiro ao Miguel, por isso ele conversa com o Cabeças, – alcunha do matulão lá da escola, um gajo que já chumbou quatro vezes – e nomeia-o a sua agência de rating. Basicamente, cada vez que um miúdo quer ficar a dever mais uma pastilha ao Miguel, é o Cabeças que dá o aval, classificando a capacidade financeira de cada um dos putos com "A+", "A", "A-", "B"... e por aí fora.

A Ritinha já está com uma dívida muito grande e um peso na consciência ainda maior, por isso acaba por confessar aos pais que tem consumido mais pastilhas do que devia. Os pais, ao perceberem que a Ritinha está endividada, estabelecem um plano de ajuda para que ela possa saldar a sua dívida, aumentando-lhe a semanada mas obrigando-a a prometer que não gasta mais enquanto não pagar a dívida contraída.

O Cabeças, quando descobre isto, desce imediatamente o rating da Ritinha junto do Miguel que, por sua vez, passa a vender-lhe cada pastilha pelo dobro do preço. A Ritinha prolonga o pagamento da sua dívida e o Miguel divide o lucro daí obtido com o Cabeças que, como é o mais forte, é respeitado por todos".

Piadas à parte, a indignação lusitana chegou mesmo ao ponto em que se transformou em retaliação. A Moody's foi atacada em todas as frentes pelos portugueses e uma das ações foi de tal modo bem sucedida que a página esteve inacessível aos endereços de IP de Portugal.

5.1. Papel das redes sociais
Quando Mark Zuckerberg imaginou o Facebook, inicialmente com um âmbito universitário, estava longe de imaginar que viria a ter a atual dimensão, muito menos que seria um meio de eleição para se marcarem protestos, manifestações e até mesmo revoltas.

Um exemplo recente data de inícios de 2011, com a chamada "primavera árabe". Muitos dos protestos organizados em múltiplos países de África e do Médio Oriente foram agendados no Facebook.

Esta plataforma tem servido também para dar voz ao descontentamento popular perante a atuação das agências de rating. Com efeito, encontramos milhares de fãs repartidos pelas dezenas de páginas, portuguesas e estrangeiras, criadas no Facebook contra as agências de notação financeira.

Mas não é apenas o Facebook que tem desempenhado este papel. Durante a "primavera árabe", por exemplo, houve quem se valesse do Twitter para passar muita informação sobre o que estava a acontecer nos países "mais quentes".

Atualmente, é perfeitamente comum encontrar "botões" de partilha para dezenas de redes sociais nas notícias que são divulgadas pelos meios de comunicação social. Para o bem e para o mal, depois das redes sociais tudo mudou. E se com os blogs já vinha a intensificar-se o papel do jornalismo cidadão, com as redes sociais tornou-se ainda mais evidente que é possível espalhar informação, opiniões, ideias, encontros e até mesmo revoluções a uma velocidade estonteante.

5.2. O "lixo" contra-ataca

Em inícios do segundo semestre de 2011, a Moody's, por ter descido a classificação de Portugal, foi a agência mais visada pelas críticas no Facebook.

O facto de a Moody's ter voltado a cortar o rating da dívida soberana portuguesa numa altura em que havia consenso político em Portugal e em que não havia – pelo menos, ainda – desvios face ao memorando de entendimento assinado com a troika, inflamou os ânimos.

"Vamos sair à rua contra a velha Moody's" foi uma das páginas criada assim que a agência cortou a classificação da dívida soberana de Portugal para lixo. Nesta página, sugeria-se que todos enviassem um e-mail à Moody's (e o endereço estava lá, para quem quisesse seguir a sugestão) no dia 6 de julho com uma só palavra: "bastards" (sacanas).

"Bastards" tinha sido a expressão escolhida pelo diretor do Jornal de Negócios, Pedro Santos Guerreiro, no seu editorial desse mesmo dia, para melhor designar o corte de que Portugal tinha sido alvo. E a expressão pegou. Houve até quem criasse uma t-shirt onde podia ler-se "I'm a bastard", com o símbolo da Moody's por baixo.

"Choque. Escândalo. Lixo. Resignação? Não. Mas sim, lixo, somos lixo. Os mercados são um pagode, e nós as escamas dos seus despojos. Isto não é uma reação emotiva. Nem um dichote à humilhação. São os factos. Os argumentos. A Moody's não tem razão. A Moody's não tem o direito. A Moody's está-se nas tintas. A Moody's pôs-nos a render. E a Europa rendeu-se", podia ler-se no editorial do Jornal de Negócios.[43]

---

[43] Pedro Santos Guerreiro, "You Bastards", *Jornal de Negócios*, 6 de julho de 2011.

E prosseguia: "As causas da descida do rating de Portugal não fazem sentido. Factualmente. Houve um erro de cálculo gigantesco de Sócrates e Passos Coelho quando atiraram o Governo ao chão sem cuidar de uma solução à irlandesa. Aqui escrevi nesse dia que esta era 'a crise política mais estúpida de sempre'. Foi. Levámos uma caterva de cortes de rating que nos puseram à beira do lixo. Mas depois tudo mudou. Mudou o Governo, veio uma maioria estável, um empréstimo de 78 mil milhões, um plano da troika, um Governo comprometido, um primeiro-ministro obcecado em cumprir. Custe o que custar. Doa o que doer. Nem uma semana nos deram: somos lixo".

E foi o facto de os portugueses se terem sentido realmente como lixo que deu azo à mais expressiva onda de indignação popular contra as agências de rating de que há memória no país.

Na página "I'm a bastard", houve mesmo quem sugerisse uma canção como candidata a hino da Moody's: "Creep", dos Radiohead. A sua letra parecia apropriada ao momento que estava a viver-se: "I wish I was special / But I'm a creep / I'm a weirdo / I wish I belonged here / But I don't belong here".

Numa outra página, intitulada "Fuck You Fitch. Fuck You Moody's. Fuck You Standard & Poor's", exortavam-se os membros a aderirem em massa a um evento marcado para dia 6 de julho à noite. O local do evento seria o "website" da Moodys e a proposta era que, às 21h30, os mais indignados cortassem a cotação da agência. "Paralelamente a este evento, avaliem o site da Moody's como LIXO!! São 3 clicks!" – atirava um dos membros.

Muitas outras páginas desta natureza continuaram a ser criadas. "Lixo? São as agências de rating", "Contra as agências de rating", "Abaixo as agências de rating!!!" ou "Vamos cortar o rating às agências de rating!" são apenas alguns dos exemplos.

5.3. Boicote à Moody's

Naqueles dias de julho, a Moody's foi, de facto, o alvo preferencial dos portugueses. A 7 de julho, um "hacker" português conseguiu alojar numa das páginas do website da Moody's uma fotografia de D. Afonso Henriques, a par com algumas expressões pouco lisonjeiras para a agência.

5. SUBLEVAÇÃO NO FACEBOOK

Houve quem pensasse ser uma imagem falsa. Mas os especialistas no assunto garantiram que não foi "fake". Tratou-se de uma imagem alojada num servidor que foi "linkada" não à página de rosto do website da Moody's, mas sim a uma página interior.

A retaliação não se ficou por ali. No dia 11 de julho, a página oficial da Moody's na Internet esteve inacessível em Portugal e nalguns outros países. Quem tentasse entrar com um IP português, não conseguia aceder. Mas o que aconteceu?

A página do Facebook "Ataque Concertado à Moody's", criada pelas personagens "Padeira de Aljubarrota" e "D. Afonso Henriques" e que contava já com dezenas de milhares de fãs, tinha marcado sete ataques para serem levados a cabo ao longo desse dia, com início às 15 horas. Esse seria o 1º ato. O ataque consistia em gerar uma sobrecarga de acessos à página com o intuito de a inviabilizar temporariamente. Ou seja, à hora marcada, o maior número possível de pessoas tentaria aceder ao mesmo tempo ao website da Moody's.

Por essa hora, a página online da Moody's "começou por responder com um *erro 503 – serviço indisponível*. Estas mensagens sucedem devido a uma sobrecarga temporária ou quando o servidor se encontra em manutenção. Depois, esfumou-se de vez numa página em branco. Subsiste a dúvida de saber se o encerramento temporário se deve a operações de manutenção ou diretamente ao ataque", escrevia Marco Santos no blog "Bitaites".[44] "O refrescamento contínuo e simultâneo do *browser* feito por milhares de pessoas na página da Moody's é suficiente para sufocar os servidores: o sistema não é invadido (embora se criem as condições para tal), mas fica inoperante", explicava o jornalista.

A imprensa portuguesa e estrangeira começou a dar conta do sucedido. O *PT Jornal* referia, por exemplo, que a agência de rating teria cortado o acesso apenas a endereços de IP portugueses, visto que o website estava acessível a partir de outros países.

O ataque foi noticiado em todo o mundo e consta até na página em inglês da Wikipedia sobre a Moody's.

---

[44] Marco Santos, "Contra os canhões, refrescar, refrescar", *Bitaites*, 11 de julho de 2011.

Mas foram os milhares de acessos em simultâneo que incapacitaram os servidores da Moody's de dar resposta? Terá sido o ataque informático combinado que levou ao derrube da página da agência?

A falha pode ter tido duas origens distintas, mas relacionadas, explicava Nuno Aguiar no jornal online *Dinheiro Vivo*.[45] "O ataque poderá ter sido bem sucedido, sobrecarregando os servidores da Moody's e tornando o acesso muito lento ou mesmo impossível; ou, depois de ter começado a sofrer os primeiros efeitos do ataque, a Moody's decidiu bloquear o acesso de alguns IP (endereço que identifica a origem do acesso), nomeadamente de portugueses. O mais provável é que tenha sido uma conjugação dos dois fatores. A verdade é que se a origem portuguesa do acesso fosse mascarada, era possível aceder ao site, apesar de registar alguma lentidão. Um indicador de que poderá mesmo ter sido aplicado um bloqueio", referia o artigo.

5.4. Protestos em todas as línguas

Mas houve e continua a haver mais protestos contra as agências de notação financeira. E na língua que quiser. "Let's downgrade Moody's and all the other rating agencies to junk", "Españoles contra las agencias que especulan con las finanzas del Estado", "Rating agencies like S&P or Moody's or Fitch have not credibility" ou ainda "Je ne veux pas voir ma vie dictée par une agence de notation" são mais algumas das páginas onde a veemência dos protestos é generalizadamente marcada pelos pontos de exclamação ou por palavras mais inflamadas.

Na página "Eu não gramo agências de rating", criada há mais tempo, surgem opiniões de blogs, da imprensa nacional e estrangeira e muitas piadas por entre conversa também muito a sério. Destaque, por exemplo, para um "cartaz" onde se vê o mapa de Portugal junto a um torno e onde se lê "Your Standards are Poor".

E as demonstrações de descontentamento não pararam por aqui. Entre os inúmeros exemplos, temos o "Grupo para pessoas que estão fartas das agências de rating", "Agências de rating: e não se pode exter-

---

[45] Nuno Aguiar, "Ataque informático: Moody's bloqueia acesso a partir de Portugal", *Dinheiro Vivo*, 11 de julho de 2011.

miná-las?", "Pelo fim do terrorismo económico de algumas agências de rating" ou ainda "I believe in Portugal. I don't believe in rating agencies".

Além dos e-mails com todo o género de protestos e piadas em torno do "lixo", bem como das manifestações de repúdio nos blogues, fóruns e redes sociais, houve até quem se propusesse a enviar lixo, propriamente dito, à agência Moody's. A ideia partiu de uma dupla de criativos da agência de publicidade BBDO, que decidiu levar à letra a expressão "junk mail". Pedro & Hugo criaram um vídeo com 1 minuto e 43 segundos, onde se vê alguém a encher um saco com lixo de todo o tipo. Em seguida, o saco é embalado e enviado por correio para a sede da Moody's em Nova Iorque. O vídeo termina com a mensagem "Working to improve our rating".

Um outro exemplo foi o da empresa Faianças Bordallo Pinheiro, que lançou uma edição especial da conhecida figura do Zé Povinho, a que deu o nome de "Toma, Moody's".

Havia razões para tanta descrença. "As causas do corte do rating não fazem sentido: a dificuldade de reduzir o défice, a necessidade de mais dinheiro e a dificuldade de regressar aos mercados em 2013 estão a ser atacadas pelo Governo. Pelo País. Este corte de rating não diagnostica, precipita essas condenações. Portugal até está fora dos mercados, merecia tempo para descolar da Grécia. Seis meses, um ano", sublinhava Pedro Guerreiro no seu editorial de 6 de julho.

Mas as coisas não ficaram por ali. Nem os cortes, nem as agências, nem as páginas de protesto no Facebook.

6. Zona Euro continua sob pressão

No dia 7 de outubro de 2001, a Moody's cortou o rating da dívida sénior e dos depósitos de nove bancos portugueses: BCP, BPI, Espírito Santo Financial Group (ESFG), BPN, CGD, BES, Santander Totta, Montepio e Banif.

A agência justificou o corte dizendo que tinha colocado o rating destas instituições financeiras sob outlook negativo – o que implica possibilidade de descida da notação – após ter cortado a classificação da qualidade de crédito da dívida portuguesa para lixo a 5 de julho. Depois de concluída essa revisão aos nove bancos, anunciou então a 7 de outubro a queda do rating de todos eles. Apenas um, o Santander Totta, ficou acima da classificação de lixo.

Esse mesmo dia 7 de outubro foi de grande atividade entre as principais agências de rating. Espanha e Itália foram também alvo de cortes, por parte da Fich, que apontou a vulnerabilidade dos dois países à crise da Zona Euro como uma das justificações.

Apesar dos downgrades, a qualidade do crédito das dívidas soberanas destes dois países manteve-se ainda no grau de investimento. No entanto, as críticas não se fizeram esperar. Fabrizio Saccomani, diretor-geral do Banco de Itália, acusou as agências de rating de atuarem "em manada".

A Fitch, além de ter cortado o rating da dívida pública espanhola e italiana, admitiu também que poderia vir a reduzir a classificação de Portugal para lixo.

Ainda nesse mesmo dia, a Moody's desceu a classificação da dívida sénior e dos depósitos de 12 bancos do Reino Unido. A Standard & Poor's também não ficou parada, tendo cortado o rating das três principais entidades operacionais do grupo franco-belga Dexia – Dexia Bank Belgium, Dexia Crédit Local e Dexia Banque Internationale à Luxembourg – devido aos seus problemas estruturais, que vieram a revelar-se em toda a sua dimensão quando, três dias depois, foi reconhecida a necessidade de nacionalização do braço belga.

No dia 11 do mesmo mês, 15 bancos espanhóis foram alvo de cortes por parte da Fitch e da Standard & Poor's. No dia seguinte, a Fitch anunciou a descida de rating de dois bancos italianos e colocou outros dois sob vigilância.

Já no dia 13 de outubro, a Fitch desceu o rating do banco suíço UBS. Além do UBS, reduziu igualmente a notação de dois bancos regionais alemães, Landesbank Berlin (LBB) e Berlin-Hannoversche Hypothekenbank, bem como dos bancos britânicos Lloyds e Royal Bank of Scotland.

Nesse mesmo dia, a agência colocou ainda sob vigilância negativa os ratings de viabilidade (e, nalguns casos, as notações da dívida de longo prazo) de sete bancos, aludindo à probabilidade de os cortar em um ou dois níveis, conforme os casos. Foram eles os norte-americanos Morgan Stanley e Goldman Sachs, bem como os europeus Barclays, Crédit Suisse, BNP Paribas, Société Génerale e Deutsche Bank.

A Fitch cortou também, a 13 de outubro, o "support rating floor" dos bancos sistemicamente importantes do Reino Unido.

No dia seguinte, a Standard & Poor's baixou o rating do BNP Paribas e o perfil de crédito individual de quatro outros bancos franceses. A justificação foi a exposição à dívida grega e a outros países do Sul da Europa fortemente endividados, bem como a maior dificuldade de acesso ao financiamento nos mercados.

Já a 19 de outubro, a canadiana DBRS cortou a notação da dívida soberana portuguesa, que ficou a apenas um nível de lixo.

Após estes cortes, seguiu-se um período em que as agências se mantiveram relativamente "calmas" em matéria de corte da dívida soberana de longo prazo. Mas foi de curta duração. A 9 de novembro, a DBRS reduziu a notação de Itália e a 24 de novembro foi a vez de a Moody's fazer o mesmo com a Hungria. Nesse mesmo dia, Portugal foi também alvo de downgrades: a Fitch cortou a notação da sua dívida de longo prazo para o patamar de "lixo" (nível que lhe era apenas atribuído pela

Moody's) e a chinesa Dagong reduziu-a para BB+, que corresponde a uma qualidade de investimento "média-baixa".

Em dezembro, a atividade das agências voltou a ser bastante intensa. Destaque para a S&P, que no dia 5 ameaçou cortar a classificação de 15 países da Zona Euro, ao colocá-los sob vigilância negativa. Portugal foi um dos visados, correndo assim o risco de passar para o patamar de "lixo", uma vez que a sua notação estava no último grau de investimento, em BBB-. A acontecer, a República Portuguesa passaria a ser considerada "junk" pelas três maiores agências mundiais de rating. E aconteceu mesmo. A 13 de janeiro, a S&P cortou a notação de nove países da Zona Euro e Portugal não escapou.

A situação na Zona Euro continuou a ser de grande instabilidade, com a turbulência política, económica e social nalguns países a penalizarem os mercados bolsistas e a fazerem disparar os juros da dívida pública. O facto de ter sido aludida a possibilidade de haver uma Zona Euro a duas velocidades não ajudou, se bem que a Alemanha e a França tenham negado essa intenção. Neste contexto, agravado pela perspetiva de uma nova recessão, a probabilidade de novos cortes de rating continua a ser uma "ameaça" bem presente.

7. Cessação do contrato com uma agência

Os cortes de rating por parte de algumas agências podem levar a que as entidades que pagam para serem avaliadas prescindam dos seus serviços por não concordarem com a classificação atribuída.

Em Portugal, aconteceu com o BES, por exemplo, quando a 8 de novembro de 2010 anunciou que tinha decidido não renovar o contrato com a Fitch Ratings depois de esta agência ter cortado o rating da dívida do banco em três níveis nos quatro meses anteriores.

Para Amílcar Morais Pires, diretor financeiro do BES, a "justificação" dada pela Fitch para o corte foi "injustificável". Isto porque a Fitch citou a elevada dependência dos bancos portugueses, no curto e médio prazo, às fontes de financiamento – como era o caso do BCE.

"Entre junho e setembro de 2010, o BES reduziu a sua dívida junto do BCE em cerca de dois mil milhões de euros, o que demonstra a flexibilidade financeira do BES, facto que a Fitch não levou em consideração", criticou o diretor financeiro do banco numa entrevista à newsletter *Valor BES*.

Mas o BES não foi um caso isolado, havendo mais entidades em Portugal a porem termo às suas relações com agências de rating. Antes mesmo de o banco liderado por Ricardo Salgado ter tomado essa decisão, já a Brisa tinha feito o mesmo, ao "cortar" com a Standard & Poor's.

Depois do BES, também o Espírito Santo Financial Group (acionista do BES) deixou de requisitar os serviços da Fitch, substituindo-a pela canadiana DBRS.

Após terminar o contrato com a Fitch, o BES passou a ser notado apenas pela Moody's e pela S&P. Se uma destas duas agências tomasse logo de seguida uma decisão de corte de rating do banco, este não poderia cessar relações, já que, pelas regras dos mercados internacionais, não poderia trabalhar apenas com uma empresa de notação de risco. No entanto, uma fonte oficial do BES divulgou quase em seguida que o banco estava a pensar contratar também os serviços da chinesa Dagong. Mas foi a canadiana DBRS que, em abril de 2011, iniciou a sua cobertura, voltando assim o BES a ficar com margem de manobra para cortar relações com uma das três agências que atualmente o avaliam.

Posteriormente, a 8 de novembro – um ano volvido sobre o "corte de relações" com a Fitch – o BES anunciou a contratação também da Dagong, pelo que é agora avaliado por quatro agências.

Depois de ter cortado o rating de Portugal para o nível de lixo, a 5 de julho de 2011, a Moody's fez o mesmo aos municípios de Lisboa e Sintra, bem como às regiões autónomas da Madeira e dos Açores. A reação não se fez esperar: Lisboa e Sintra suspenderam as relações contratuais que mantinham com a agência de notação financeira. Cascais e Porto já tinham feito o mesmo. A ANA tomou a mesma decisão, depois de ver a classificação da sua dívida reduzida de A3 para Baa3 pela Moody's.

No dia do corte aos Açores, o presidente do governo regional, Carlos César, disse que não reconhecia credibilidade à Moody's. No entanto, manteve o contrato com a agência. Em setembro de 2011, segundo a RTP, a Moody's era a única agência com a qual o governo dos Açores tinha contrato, "ao contrário do Governo da República que, em vez da Moody's, optou por duas agências rivais: a Standard & Poor's e a Fitch".

"A joia anual não reembolsável para a avaliação do rating dos Açores é de 20 mil euros, mas o valor foi entretanto revisto, passando a custar 23,4 mil euros. Um número muito inferior ao que se gasta para avaliar o rating da República, que ascende aos 360 mil euros", referiu a RTP num artigo de António Gil. "Por divulgar fica o valor gasto pela Madeira no que toca a agências de rating. O governo de Alberto João Jardim ainda não adiantou com que agências trabalha e os montantes envolvidos", concluía o artigo.

7.1. Perda de clientes

Não têm sido apenas as câmaras municipais e algumas empresas portuguesas a cortar ligações com as agências de rating, sobretudo com as

7. CESSAÇÃO DO CONTRATO COM UMA AGÊNCIA

três principais. Há também muitas empresas de gestão de ativos que estão a tomar a mesma decisão, preferindo optar por criar equipas internas de avaliação dos riscos da dívida.

Em julho de 2011, a agência noticiosa Reuters contactou alguns dos maiores gestores de ativos a nível mundial para auscultar as suas opiniões sobre a atividade das agências de rating. Muitos destes disseram estar a romper os laços com essas agências, podendo isso constituir "o início do fim do domínio destas agências sobre os mercados financeiros globais".

Com efeito, os gestores responsáveis por milhares de milhões de euros de investimentos no mercado da dívida disseram estar a rever as suas relações com agências como a Fitch Ratings, a Standard & Poor's e a Moody's Investors Service, cujas chamadas de atenção a Portugal, à Irlanda e à Grécia, por exemplo, deixaram os bancos centrais em desespero no sentido de tentarem evitar um desmoronamento da Zona Euro.[46]

"Cancelámos os nossos contratos com duas delas e desde então ainda não nos deixaram em paz. Tem sido muito irritante", confidenciou à agência noticiosa o responsável do departamento de investimento em dívida soberana de uma grande gestora de obrigações na Europa.

Na opinião do mesmo responsável, "seria uma ingenuidade culpar as agências de rating por tudo o que correu mal durante a crise financeira, mas todos os que dependem de terceiros para formarem as suas opiniões sobre investimento podem meter-se em 'sarilhos' (...). Os clientes pagam-nos para tomarmos essas decisões e seria completamente errado esquivarmo-nos a essa responsabilidade".

Ainda segundo a mesma investigação da Reuters, os investidores já vinham a reduzir a sua dependência de fornecedores externos de análises desde que as agências de rating tinham começado a atribuir elevadas classificações a complexos produtos estruturados de investimento financeiro.

"O desenvolvimento de equipas internas de análise mostra que as agências de notação financeira nunca voltaram a reconquistar plena-

---

[46] "Analysis: Investors break their bonds to rating agencies", Reuters, 18 de julho de 2011.

mente a confiança dos seus clientes mais importantes na área da gestão de ativos", referiu a agência britânica de notícias.

Assim, as avaliações por parte de grandes casas de investimento começaram a ganhar mais peso. A Pacific Investment Management Co. (Pimco), que já avaliava internamente a dívida das empresas privadas, estendeu essa avaliação – em 2008 – à dívida soberana do Ocidente, gerindo agora o seu próprio sistema interno de rating para todos os emitentes de dívida, recordou a Reuters neste seu trabalho de investigação.

8. Culpas merecidas?

Mas serão as agências de rating as únicas com responsabilidades na crise? Não. Nem é possível demonizá-las, porque nem sempre falharam na identificação de problemas, especialmente quando falamos de todas as agências existentes e não apenas das três grandes.

Apesar das fortes críticas – fundamentadas – pela atribuição de elevadas notações a instrumentos financeiros que acabaram por se revelar tóxicos, o certo é que as agências têm "acertado", regra geral (excetue-se a Islândia, por exemplo), na avaliação que fazem dos riscos dos Estados.

Com efeito, "o bom desempenho histórico das agências de rating na avaliação de riscos soberanos é patente num estudo recente do FMI, que demonstra que todos os Estados que entraram em incumprimento desde 1975 tinham a classificação de 'lixo' pelo menos um ano antes de tal acontecer", comentou recentemente o diretor de marketing do ActivoBank, Gonçalo Gomes.[47]

Por outro lado, não podemos esquecer que muitos dos alvos de corte de rating têm, de facto, "culpas no cartório". Os elevados níveis de endividamento, os substanciais défices orçamentais, os "buracos" nas contas, o crédito fácil, todos estes fatores levaram a que a qualidade do crédito de muitos países fosse posta em causa e vista com desconfiança por parte dos investidores. Para que essa confiança seja restaurada, é preciso pôr a casa em ordem. O que está já a acontecer nos chamados países periféricos da Zona Euro, com as medidas de austeridade cada vez mais... austeras.

---

[47] Gonçalo Gomes, "Agências de rating: vilões ou bodes expiatórios?", *Oje*, 25 de setembro de 2011.

Mas apesar de haver muitos intervenientes a quem apontar o dedo relativamente à crise financeira, as agências de rating desempenharam claramente um papel preponderante na exacerbação do problema, conforme chegaram a reconhecer.

Mais recentemente, os sucessivos cortes dos ratings da dívida soberana têm levado a que as agências sejam uma vez mais acusadas de imparcialidade e de atos abusivos. Em Portugal, um grupo de quatro economistas – José Reis, José Manuel Pureza, Manuel Brandão e Maria Manuela Silva – entregou na Procuradoria-Geral da República (PGR), em abril de 2011, uma queixa-crime contra a Moody's, S&P e Fitch. A intenção foi clara: a instauração de um inquérito para apurar se houve prática de crime de mercado na atuação das referidas agências.

Aquando da entrega da queixa, José Reis referiu, citado pela agência Lusa, que duas das agências visadas na queixa – Moody's e S&P – tinham um "mesmo fundo de investimento como proprietário", não podendo ser esquecido que as decisões das agências têm um efeito direto na retribuição que os fundos de investimento obtêm.

Além disso, segundo Jorge Reis, as decisões tomadas pelas agências, que "influenciam as taxas de juro", têm um impacto significativo no endividamento dos países, "podendo afetar a sua estabilidade" financeira e económica. Uma vez que as suas notações são uma referência para investidores, emitentes e administradores públicos para as suas decisões de investimento e financiamento, os quatro economistas realçaram que não era aceitável que as agências agissem "de forma a alterar o preço dos juros, direcionando o mercado para situações em que elas próprias ou os seus clientes tenham interesse e retirem benefícios".

O texto da denúncia contra as três agências de rating ficou disponível na Internet, para que todos aqueles que concordassem com a petição ("A relevância das agências de rating e o risco de abuso de posição dominante") pudessem tornar-se igualmente signatários.

No mês seguinte, em maio, o Departamento Central de Investigação e Ação Penal (DCIAP, departamento do Ministério Público), depois de ter analisado os argumentos expostos nas queixas, decidiu abrir um inquérito-crime contra as três agências por considerar haver elementos suficientes para tal.

Enquanto se aguardam desenvolvimentos a este respeito, terão as agências perdido entretanto parte da sua proeminência? As ferozes críticas de que foram alvo terão reduzido a sua influência nos mercados? Não. Por enquanto, não. E grande parte da sua importância decorre das normas estipuladas pelo Comité de Basileia.

9. Acordo de Basileia III

"É verdade que as autoridades europeias podiam reduzir a sua dependência das agências de rating. Contudo, esta diminuição da dependência restringe-se às regras exigidas pelo BCE para valorização dos ativos aceites como garantia dos empréstimos aos bancos. No que respeita à regulação do sistema bancário europeu, designadamente no respeitante aos requisitos mínimos de capital, esta rege-se por normas internacionais decididas no âmbito do Comité de Basileia, que são aplicáveis a todas as instituições mundialmente, com diferenças regionais menores", explicou num artigo de opinião a economista-chefe do BPI, Cristina Casalinho.[48]

Ou seja, apesar de o BCE poder diminuir a sua dependência face às agências de notação de risco, reformulando as suas regras, o certo é que, pelo menos por enquanto, a importância das agências continua a ser significativa. Os estudos com vista à reforma do sistema de funcionamento e de dependência das agências prosseguem, mas ainda não foi encontrada a solução ideal.

Enquanto isso, os reguladores, como é o caso do Comité de Basileia, continuam a utilizar os ratings para estabelecerem os requisitos de capital dos bancos – que têm de avaliar, através desse mesmo processo, a capacidade creditícia dos seus potenciais clientes.

Um dos objetivos dos reguladores da banca é garantir que estas instituições dispõem de capital suficiente para preservar um rating em grau de investimento. E, para isso, é preciso também que os clientes bancários sejam bons pagadores, pelo que os bancos têm de decidir prudentemente a quem emprestam dinheiro.

---

[48] Cristina Casalinho, "Rating de choque", *Jornal de Negócios*, 8 de julho de 2011.

O Comité de Basileia de Supervisão Bancária, que é composto por supervisores do setor financeiro e que define as regras prudenciais dos bancos, já criou três acordos desde a sua criação em 1974. O último deles, o Acordo de Basileia III, apresentado em setembro de 2010, exige regras de capital e liquidez mais apertadas à banca.

Com o Basileia III – que só entrará em vigor em 2019, de modo a que os bancos disponham de um período de transição razoável para cumprirem as novas regras – os bancos terão de triplicar para 7% o nível de capital de qualidade que precisam de manter sob a forma de reservas para ficarem mais resistentes a eventuais crises financeiras.

"Do ponto de vista prático, os bancos vão ter de implementar sistemas de controlo de risco mais apertado, sendo que os sistemas de rating de risco vão ter de ser utilizados. Os bancos poderão utilizar dois sistemas de rating, um standard baseado em agências de rating, e um outro interno ao banco (IRB)", conforme explica a consultora Infosistema.[49]

Sublinhe-se que há dois tipos de notações, as internas e as externas. As externas são emitidas pelas agências de rating, ao passo que as internas são emitidas pelos bancos aos seus clientes. Para atribuírem essas notações internas, os bancos recolhem informação que tem em conta fatores quantitativos (rácio de endividamento, liquidez, rentabilidade, etc.) e qualitativos (qualidade da gestão, forma jurídica, situação de mercado, etc.).

A grande diferença introduzida pelo Basileia III está no facto de os bancos serem obrigados a implementar esses sistemas de rating e de esses mesmos sistemas poderem ser supervisionados pelas entidades competentes. Acontece que as Pequenas e Médias Empresas não são normalmente cobertas pelas agências de rating, o que significa que os bancos vão ter de implementar sistemas de rating internos para as PME, sublinha a Infosistema.

As avaliações que os departamentos de análise dos bancos fazem às empresas podem constituir um exemplo desses sistemas de rating internos. E como é que essas avaliações são feitas?

[49] "Basileia II e Basileia III", Infosistema.

10. Casas de investimento

Em linha com o que acontece na maior parte dos países desenvolvidos, os principais grupos financeiros possuem na sua estrutura orgânica um departamento de 'research' (análise) que está normalmente dividido em duas grandes áreas de análise: macroeconomia e microeconomia.

Esses departamentos de 'research' das instituições financeiras – bancos/casas de investimento e corretoras – contam com analistas que atribuem as suas avaliações a uma empresa através de dois indicadores: o preço-alvo (price-target) e a recomendação.

Mas serão estes pareceres mais isentos do que os que são emitidos pelas agências de rating? Pelas regras, qualquer interveniente que emita as suas opiniões, que posteriormente irão influenciar as decisões de investimento, tem de ser isento e transparente. Ou seja, não pode haver conflitos de interesses. No entanto, as casas de investimento também foram alvo do mesmo tipo de críticas que se fez às agências de notação financeira – e, antes delas, às grandes empresas de consultoria – especialmente no que diz respeito a potenciais conflitos de interesses.

"Nos Estados Unidos, a SEC concluiu que algumas casas de investimento detinham relações comerciais com algumas empresas e que obtinham benefícios (como, por exemplo, serem responsáveis por futuras dispersões de capital em bolsa) por recomendações de compra que faziam a determinadas ações. É evidente que apenas uma minoria de analistas não será honesta. Como em todas as profissões, há gente boa e má, mas estes episódios vieram levantar dúvidas sobre a justeza destas análises", comentou Ulisses Pereira, administrador do Fórum "Caldeirão da Bolsa".[50]

Relativamente ao grau de independência do departamento de "research" face a outras áreas de atividade da organização, nomeadamente área comercial e de gestão de ativos, a CMVM chegou à conclusão que as situações são diversas.[51] "(...) Se do ponto de vista formal verificamos que em algumas instituições o departamento de 'research' depende diretamente da comissão executiva ou do conselho de administração, não existindo aparente ligação com outras áreas, em outras instituições registamos uma forte relação de dependência do departamento de research face à área de gestão de ativos", destaca o estudo da autoridade reguladora do mercado de capitais em Portugal.

"Em todo o caso, mesmo não existindo uma dependência direta do departamento de 'research' face às áreas de gestão de ativos ou comercial, o que é certo é que, por princípio, todas as áreas de atividade da organização (banco de investimento ou corretora) são potenciais clientes do departamento de 'research'. Este tipo de dependência do departamento de research poderá conduzir a uma menor independência do analista, uma vez que, inevitavelmente, o trabalho do analista estará condicionado pela estratégia da gestão de ativos ou do departamento comercial", adverte a CMVM[52].

A 12 de agosto de 2008, a CMVM fez uma série de recomendações aos investidores não profissionais que habitualmente baseiam as suas decisões de investimento em relatórios de análise financeira. Entre esses conselhos, a entidade reguladora referia que os investidores devem diversificar as fontes de informação e que estas devem ser credíveis. Além disso, recomendava que seja sempre dada atenção aos alertas, nos relatórios de análise financeira, dirigidos aos investidores não profissionais, relativos a riscos e eventuais alterações das previsões, pressupostos e métodos utilizados na realização de recomendações.

---

[50] Ulisses Pereira, "O horóscopo da Bolsa", Caldeirão da Bolsa, 3 de dezembro de 2007.
[51] "Estudo da CMVM sobre Analistas Financeiros e Recomendações de Investimento", CMVM.
[52] *Idem.*

10. CASAS DE INVESTIMENTO

Nessas mesmas recomendações sobre relatórios de análise financeira, a CMVM apelava ainda a que os investidores tenham em consideração que o período de tempo decorrido entre a data de elaboração de recomendações constantes do relatório de análise financeira e a sua divulgação pública poder ter anulado o valor económico das mesmas.

Conforme sublinhou Ulisses Pereira, há gente boa e má em todas as áreas. Mas o mercado, os clientes e os reguladores esperam que a grande maioria seja boa, pelo que a opinião das casas de investimento se revela de grande importância. Assim, se bem que as recomendações de investimento sejam apenas pareceres sobre uma determinada ação, o certo é que influenciam o desempenho desse mesmo título.

Numa análise realizada pela CMVM a 580 recomendações de investimento emitidas entre outubro de 2008 e setembro de 2009 sobre títulos nacionais, a entidade reguladora concluiu que o impacto que o "research" tem nas cotações das empresas emitentes perdura entre três e seis dias.[53]

Debrucemo-nos, então, sobre os preços-alvo e as recomendações.

10.1. Preço-alvo

O preço-alvo é o valor estimado para uma ação, num determinado momento. Essa estimativa é realizada pelos departamentos de análise e o seu cálculo é feito com base em análise fundamental e contabilística.

E para que serve o preço-alvo? Para definir o potencial de valorização (upside) ou de desvalorização (downside) de uma ação. A título de exemplo, se uma ação estiver a valer em bolsa, num dado momento, 6 euros, e se lhe for atribuído um preço-alvo de 10 euros, isso quer dizer que esse título tem um potencial de subida de 66,6% em relação ao preço a que está a ser negociado no mercado acionista. Ou seja, quer dizer que a ação está barata.

Em suma, o preço-alvo é o valor limite que os analistas preveem que uma ação atinja, normalmente num horizonte a um ano. Por outras palavras, o "price-target" é o preço que os analistas acreditam "ser justo

---

[53] "Relatório Anual de Supervisão da Atividade de Análise Financeira – outubro 2008 a setembro 2009", CMVM.

para uma determinada ação, num horizonte temporal definido. O que se pretende saber é qual o valor de uma dada empresa, tendo em conta as perspetivas futuras da empresa e as condições macroeconómicas que a envolvem", define Ulisses Pereira.[54]

Quando um analista recomenda a compra de uma ação, por exemplo, tem como base o price-target dessa ação.

10.2. Recomendações

As recomendações são conselhos de investimento dados por analistas financeiros, baseados em modelos de análise técnica e de análise fundamental. "Através destes modelos, os analistas procuram determinar o valor de uma empresa, e a partir daí definir um preço-alvo para um determinado horizonte temporal. Da comparação do preço-alvo com o valor da cotação atual de um título define-se um tipo de recomendação", conforme explica o Banco Best.

Existem ainda vários tipos de recomendações de investimento para as ações. As classificações não são uniformes, variando entre os analistas financeiros. A CMVM, para proceder à análise das tipologias de recomendação de investimento, uniformiza as escalas utilizadas pelos diversos intermediários financeiros em três classes de recomendações: vender/reduzir, manter e acumular/comprar.

A primeira ("vender" e "reduzir") aconselha a redução da exposição por parte dos investidores a uma ação, enquanto a última ("acumular" e "comprar") sugere um aumento dessa exposição.

Dentro da categoria de "comprar" ("buy"), podem surgir também os termos "outperform" e "overweight", todas eles significando que se deve investir na ação em análise. No entanto, há uma diferença entre "comprar" e as restantes duas. Subtil, mas há. "Comprar" indica que a ação apresenta uma atrativa expectativa de retorno absoluto. Já "overweight" e "outperform" indicam que a ação terá um desempenho melhor relativamente a um determinado índice de mercado. [55]

---

[54] Ulisses Pereira, "O horóscopo da Bolsa", Caldeirão da Bolsa, 3 de dezembro de 2007.
[55] André Rocha, "Como ler os relatórios das corretoras?", ValorInveste, 13 de outubro de 2011.

Na categoria "vender" ("sell"), temos também as expressões "under-perform" e "underweight", com as mesmas variantes subtis que referimos na categoria "comprar". Com efeito, quando uma ação é indicada como "underweight" ou "underperform", é porque se espera que tenha um desempenho inferior ao do mercado.

Quando a opinião é de "manter" ("hold"), então é porque o analista recomenda que as ações permaneçam em carteira.

As categorias "reduzir" ("reduce") e acumular ("accumulate") são variantes de 'vender' e 'comprar' que são utilizadas quando o investidor já possui em carteira as ações que estão a ser analisadas.

Por seu turno, quando uma recomendação é "neutral", quer dizer que o analista considera que o desempenho do título estará em linha com o mercado que cobre – isto é, que terá um desempenho idêntico ao do mercado de referência. Associadas a "neutral" podem surgir também as designações "market performer" ou "equal weight".

Importa realçar que as recomendações são baseadas em diferentes padrões e podem ter em consideração o desempenho das ações em relação ao setor, à média do mercado ou ao índice bolsista de referência do mercado em questão. Depende das instituições financeiras e até dos países onde são feitas as recomendações (pois no caso do índice de referência, por norma é utilizado o do próprio país, que no caso português é o PSI-20).

Tal como fazem as agências de rating, os analistas podem cortar, manter ou elevar a recomendação e o preço-alvo de uma determinada ação. Por exemplo, se a recomendação passar de "neutral" para "comprar", quer dizer que essa recomendação foi revista em alta.

E será que os vários tipos de recomendações podem ter mais ou menos expressão no desempenho das próprias ações em bolsa? Sim. Quando a recomendação é de venda, por exemplo, é típico que as ações nesse dia caiam. Já quando é de compra, não implica necessariamente que subam.

"As recomendações de venda têm um impacto nas cotações superior ao das recomendações de compra, diferença que pode ser explicada pelo facto das recomendações de compra serem mais frequentes, pelo que uma nova recomendação nesse sentido pode ser interpretada como normal e eventualmente desvalorizada pelos investidores", referiu a

CMVM no seu Relatório Anual de Supervisão da Atividade de Análise Financeira de outubro de 2008 a setembro de 2009.

De acordo com o mesmo estudo, "as recomendações de venda influenciaram as cotações das empresas que integram o PSI-20 num horizonte temporal de três dias, enquanto o impacto nas cotações das empresas de menor dimensão e liquidez foi mais duradouro, demorando mais de seis dias de negociação até se atingir novamente uma situação de normalidade".

No relatório do ano seguinte (divulgado a 8 de junho de 2011), em que a CMVM monitorizou as recomendações de investimento emitidas sobre ações cotadas em Portugal, entre outubro de 2009 e setembro de 2010, as conclusões foram idênticas. Segundo a entidade de regulação dos mercados de capitais, "o impacto das recomendações de investimento foi superior no caso das recomendações de venda". "Conclui-se que as recomendações de venda tiveram um impacto não negligenciável no preço das ações, pelo menos no que diz respeito a alguns intermediários financeiros, contrariamente às recomendações de compra", sublinhou a CMVM.[56]

Nesse mesmo relatório, a autoridade reguladora chegou à conclusão que se tivesse seguido as recomendações dos analistas, teria registado perdas de 14% em 12 meses – aplicando essas recomendações às carteiras de investimento que criou para fazer a análise.

Daí que seja preponderante os investidores seguirem todas as recomendações da CMVM na hora de fazerem aplicações com base nos relatórios de análise financeira. Apesar de os relatórios de 'research' poderem ajudar a estar mais informado sobre determinada empresa, a CMVM recomenda ao investidor que considere "a possibilidade de a recomendação constante do relatório de análise financeira poder não ser adequada ao seu perfil de risco, à diversificação da carteira de instrumentos financeiros, à sua experiência ou disponibilidade para a gestão do investimento em valores mobiliários".[57]

---

[56] "Relatório Anual de Supervisão da Atividade de Análise Financeira – outubro 2009 a setembro 2010", CMVM.

[57] Recomendações da CMVM Sobre Relatórios de Análise Financeira (Research), CMVM.

Em relação aos ratings, o investidor é colocado numa situação semelhante, já que recorre a essas avaliações para orientar as suas decisões na hora de aplicar o seu dinheiro. Mas uma notação é apenas um parecer, nunca uma recomendação de investimento, advertem constantemente as agências. Contudo, as subidas e descidas de rating mexem – e muito – com os mercados. Vejamos como.

11. Influência dos ratings nos mercados

Três economistas do Fundo Monetário Internacional estudaram os 71 anúncios de rating – o que incluiu alterações na notação e revisões de outlook – da Moody's, S&P e Fitch feitos entre outubro de 2006 e abril de 2010 para a dívida soberana na Europa. E concluíram que estes tiveram um significativo efeito de contágio a toda a região, contribuindo para uma maior instabilidade no Velho Continente.[58]

"A crise da dívida soberana na Europa reacendeu o debate sobre o papel desempenhado pelas agências de notação financeira durante as crises e sobre a interdependência entre diferentes mercados financeiros. Esta crise da dívida tem sido palco de downgrades da classificação da dívida soberana, alargando os spreads das obrigações soberanas e dos credit default swaps (CDS) e exercendo uma maior pressão sobre os mercados acionistas", sublinha a introdução ao estudo realizado por Rahabd Arezki, Bertrand Candelon e Amadou N. R. Sy.

"Curiosamente, os mercados financeiros de toda a Zona Euro têm estado sob pressão, se bem que os anúncios relativos a notações da dívida tenham estado concentrados apenas em alguns países, como a Grécia, Islândia, Irlanda, Portugal e Espanha", segundo a análise dos três economistas do FMI.

---

[58] Rahabd Arezki, Bertrand Candelon e Amadou N. R. Sy, "Sovereign Rating News and Financial Markets Spillovers: Evidence from the European Debt Crisis", março de 2011.

Apesar de Portugal não constar da análise de fundo deste estudo, o país vê-se representado nas tabelas onde estão enunciados os 71 anúncios de rating efetuados por estas três agências.

No período temporal em análise, Portugal começou por ser alvo de uma revisão de outlook a 13 de janeiro de 2009 pela S&P. Oito dias depois, a 21 de janeiro, a mesma agência procedeu a nova revisão das suas perspetivas mas também cortou o rating da República Portuguesa.

A 29 de outubro do mesmo ano, foi a vez de a Moody's rever o outlook da dívida pública de Portugal. Só uns meses mais tarde, a 24 de março de 2010, é que a Fitch se pronunciou sobre a dívida soberana portuguesa, mas fê-lo com um corte do rating.

Cerca de um mês depois, a 27 de abril de 2010, a Standard & Poor's voltou a anunciar um downgrade para Portugal. Quase logo de seguida, a 5 de maio, a Moody's colocou a dívida portuguesa sob revisão.

Depois disso, as três agências anunciaram várias outras revisões e cortes da notação da dívida portuguesa. Em finais de dezembro de 2011, a S&P tinha a classificação de Portugal em BBB-. Ou seja, um nível acima de lixo. Já a Moody's tinha Portugal no lixo desde 5 de julho e a Fitch desde 24 de novembro.

Depois disso, as três agências anunciaram várias outras revisões e cortes da notação da dívida portuguesa. Em finais de dezembro de 2011, a S&P tinha a classificação de Portugal em BBB-. Ou seja, um nível acima de lixo. Já Moody's tinha Portugal no lixo desde 5 de julho e a Fitch desde 24 de novembro. A 13 de janeiro, a S&P seguiu-lhes as pisadas e também passou Portugal para a categoria de "junk".

Uma outra conclusão deste estudo é que houve poucos anúncios de rating antes de julho de 2008. "Esta constatação sugere que as agências de notação financeira não anteciparam as debilidades macroeconómicas das economias europeias, que levaram à crise financeira", sublinha.

O auge dos anúncios negativos foi atingido em janeiro de 2009. O número de anúncios negativos de rating diminuiu desde então, mas continuou a ter uma dimensão significativa. "Isto reflete, sem dúvida, a natureza ainda não solucionada da crise da dívida europeia. O número de anúncios positivos de rating (na sua maioria, revisões de outlook positivas) também aumentou desde outubro de 2008. Isto pode sugerir que as agências de notação financeira estimam que os cortes de rating são temporários e que os países europeus acabarão por recuperar as suas notações anteriores à crise", realça o estudo do FMI.

Por agências, a Standard & Poor's é a anunciante mais frequente (32 anúncios), seguida da Moody's (29) e da Fitch (10), conclui a análise do FMI.

11.1. S&P é a agência com maior efeito propagador nos mercados

O estudo conclui também que, das três principais agências – S&P, Moody's e Fitch – são as classificações atribuídas pela Standard & Poor's que mais repercussão têm nos mercados financeiros.

"Quando comparamos o coeficiente de significância estatística, concluímos que os anúncios da S&P têm consequências muito mais abrangentes em termos de efeito de contágio quando comparados com os anúncios da Moody's e da Fitch".

De acordo com o mesmo documento, os efeitos de contágio dos anúncios de rating da Fitch estão também confinados aos spreads dos CDS soberanos, ao passo que a S&P e a Moody's têm um efeito propagador noutros mercados financeiros. "Isto poderá ser explicado pelo facto de a S&P e a Moody's terem mais anos de existência do que a Fitch", sublinham os economistas do FMI.

"Com efeito, os mercados financeiros são seletivos na forma como reagem às notícias sobre ratings por parte das diferentes agências de notação financeira. Isto sugere que a estratégia de comunicação dessas agências também tem o seu papel na explicação do âmbito do contágio das notícias sobre ratings", acrescenta o estudo.

12. Agências favorecem quem lhes paga mais?

Em finais de outubro de 2011, foi divulgado um outro estudo. E este concluiu que as agências de rating beneficiam quem lhes paga mais.

"Credit Ratings Across Asset Classes: A=A?"[59] é o título do trabalho, realizado por três docentes: Jess Cornaggia, professor na Kelley School of Business da Indiana University Bloomington; pela sua mulher, Kimberly Rodgers Cornaggia, professora na Kogod School of Business da American University (Washington, D.C.); e por John E. Hund, professor na Jesse H. Jones School of Management da Rice University (Houston).

O estudo analisou as receitas da Moody's, os dados sobre incumprimento e as alterações de rating desta agência em todo o tipo de ativos de crédito ao longo de 30 anos, até ao final de 2010. E estes académicos concluíram que, regra geral, as agências atribuem melhores notações à dívida emitida pelos bancos e empresas, que lhes pagam mais que os países e as autarquias.

Ou seja, "contrariamente ao que dizem as três grandes agências de rating, nós demonstramos que as notações não são comparáveis em todas as classes de ativos", refere o estudo.

Dizem os três professores que Estados e autarquias chegam a pagar menos de metade do que pagam as empresas e bancos. Um exemplo: para classificar o risco de uma emissão corporativa no valor de 500 milhões de dólares, a Moody's cobra cerca de 250 mil dólares. Se a emissão, no mesmo valor, for do Estado norte-americano do Tennessee, esse

---

[59] Jess Cornaggia, Kimberly Rodgers Cornaggia e John E. Hund, "Credit Ratings Across Asset Classes: A=A?".

preço desce para 115 mil dólares, disse à agência noticiosa Bloomberg a responsável pelas finanças locais desse mesmo Estado, Mary-Margaret Collier.

De acordo com este trabalho, a dívida emitida pelos Estados e autarquias – que são quem paga menos às agências – é analisada de forma muito mais exigente do que a dívida dos bancos e empresas. Resultado: parece que essa "dureza" se reflete numa menor probabilidade de default. Com efeito, o estudo revela que é muito mais recorrente uma situação de incumprimento de um banco ou empresa com rating AAA do que um Estado ou município que tenha essa mesma notação. O que leva a concluir que as classificações de 'Triplo A' que são muitas vezes atribuídas aos bancos e empresas não são as mais adequadas.

Segundo a Bloomberg, a Moody's contestou o estudo, dizendo que se fundamentou de forma desproporcionada nos ratings atribuídos durante a crise financeira. A Fitch, por seu lado, discordou com a generalização das conclusões, uma vez que os seus dados não foram analisados. Já a S&P fez saber que os seus critérios são desenvolvidos e aplicados sem atenderem a quaisquer considerações comerciais. Mas o senador Carl Levin, democrata eleito pelo Michigan, considera que este estudo é consistente com as conclusões a que o governo norte--americano chegou em matéria de conflitos de interesse das agências de rating.

13. Considerações finais

Nada será como antes. É esta a sensação com que se fica depois de observarmos a atividade das agências de rating, muito especialmente nos anos mais recentes. Apesar do percurso centenário de algumas das principais agências – a Moody's fez 100 anos em 2009, a S&P e a Fitch para lá caminham a passos rápidos – foi a última crise financeira e económica que as fez entrar em casa do cidadão comum.

Outrora senhoras do seu nariz, sem grandes alaridos, estas empresas faziam o seu trabalho sem serem postas em causa. As suas classificações, que eram – e são ainda – uma referência importante para os emitentes, investidores e mercados, podiam nem sempre ser as mais acertadas, mas nunca tinham sido responsabilizadas por uma crise. Com a derrocada de 2007 no mundo financeiro, tudo mudou.

As agências de rating, apesar de não poderem ser demonizadas – até porque deixam bem claro que as suas classificações não são recomendações de investimento, mas sim opiniões – tiveram um claro papel negativo nesta crise. As suas avaliações erróneas, sobretudo dos títulos hipotecários tóxicos criados pelos bancos que lhes pagavam as contas, resultaram em fortes perdas junto de empresas de todo o mundo.

Mas se o mundo mudou a perceção que tinha das agências de rating – que caíram do pedestal onde se encontravam há muitas décadas – o certo é que não mudou a importância que lhes atribui. Elas são necessárias. Não são imprescindíveis, mas são necessárias. O debate gira agora em torno dos moldes em que devem operar. As suas metodologias, bem como quem deve pagar-lhes, são questões que estão a ser analisadas em profundidade por comissões criadas para o efeito em todo o planeta. Ninguém quer voltar a confiar cegamente. Mas todos querem alguém que faça o trabalho de análise e que apresente um relatório no fim. Alguém que diga: isto é tóxico, isto é saudável. Alguém que diga: este carro pode estacionar neste piso, aquele não.

Feitas as contas, o mito das três grandes, as intocáveis, foi posto à prova. E não a superou. Há fragilidades, muitas fragilidades. Com o tempo, com uma maior supervisão e regulação, espera-se que a atividade da notação financeira volte a ter a credibilidade de outrora. Mas parece haver ainda um longo caminho a percorrer.

Nada será como antes. Nada será como antes?

GLOSSÁRIO

ABS (asset-backed security) – títulos garantidos por ativos.

Agências de rating – empresas que emitem pareceres sobre a qualidade do crédito.

Assets – ativos.

Billion – mil milhões. Há duas escalas para números grandes, a chamada escala longa utilizada na maioria dos países europeus, e a curta, usada em países de língua inglesa, incluindo os Estados Unidos, mas também o Brasil. Segundo o website 'Ciberdúvidas da Língua Portuguesa', "a regra de que um bilião é um milhão de milhões para Portugal foi estabelecida pela norma portuguesa NP-18, 1960. É também esta a prática em Espanha, Itália, França, Inglaterra, Alemanha, etc. (...) Só até ao milhão é que a terminologia é a mesma na Europa e nos EUA". Assim sendo, e seguindo a mesma lógica, o "trillion" é um bilião em Portugal.

Bonds – obrigações.

CDS (credit default swap) – espécie de seguro contra o incumprimento do pagamento da dívida por parte de um emitente.

Collateral – colateral, garantia.

CRA (Credit Rating Agencies) – agências de rating, de notação financeira, de notação de risco de crédito, de notação da dívida, de classificação de risco, de avaliação de risco.

Default – incumprimento; quando há um risco elevado de o emitente não conseguir cumprir integralmente as suas obrigações de acordo com o contrato de empréstimo que celebrou com os credores.

Dívida sénior – dívida que tem prioridade de pagamento sobre qualquer outro tipo de dívida, em caso de incumprimento.

Grau de investimento – capacidade para cumprir as obrigações financeiras.

Grau especulativo – existência de risco no cumprimento dos compromissos financeiros.

Haircut – desconto, perdão; perda de capital e/ou juros que decorre de uma renegociação de dívida.

Junk – lixo; quando a notação já está num nível considerado grau especulativo. É também neste nível que o investidor em obrigações consegue maior rendibilidade, devido ao maior risco da dívida. Daí que este patamar seja também conhecido como 'high yield'.

MBS (mortgage-backed security) – títulos garantidos por hipotecas; estão endossados a créditos hipotecários residenciais (RMBS) ou comerciais (CMBS).

Notação financeira – rating; avaliação do risco de crédito de um emitente ou dos instrumentos de dívida emitidos.

NRSRO – (Nationally Recognized Statistical Rating Organization); designação dada às agências de rating que têm o aval da autoridade reguladora dos mercados de capitais nos Estados Unidos (a SEC) para emitirem notações financeiras em conformidade com o seu quadro regulatório.

Raters – analistas das agências.

Roll over – extensão dos prazos de maturidade da dívida.

Securities – títulos, ações.

Special Purpose Vehicle – veículo de securitização/titularização.

Subprime – crédito hipotecário de alto risco; empréstimos concedidos a clientes com fraco historial e capacidade creditícia.

Taxa de cupão – a taxa de juro da obrigação designa-se taxa de juro de cupão e cada pagamento de juros (normalmente trimestral, semestral ou anual) designa-se cupão.

Triplo A – notação máxima atribuída por uma agência de rating.

Valor nominal – valor facial de uma obrigação. Quando a obrigação é colocada no mercado, recebe um preço de emissão. Frequentemente, as obrigações são emitidas ao par, ou seja, o preço a que são vendidas coincide com o seu valor nominal. Quando o preço é superior ou inferior ao valor nominal, quer dizer que negoceia acima ou abaixo do par, respetivamente.

Yield – taxa de rendibilidade, rentabilidade, retorno; no caso das obrigações, combina um juro (taxa de cupão) e o desconto no preço face ao valor nominal.

AGRADECIMENTOS

Para escrever este livro, contei com o apoio, incentivo, criatividade e sabedoria de várias pessoas. A todas elas, o meu profundo agradecimento.

Tenho uma enorme dívida de gratidão para com o meu editor e mentor, Nuno Carregueiro, que me orientou e aconselhou enquanto dava os primeiros passos nesta aventura e que me deu dicas que se revelaram preciosas. Igualmente importante foi o espírito crítico, a objetividade, as conversas e as propostas do meu amigo Nuno Farinha. Sem eles, teria sido mais difícil trilhar este caminho.

Ao Diogo Cavaleiro, à Eva Gaspar, ao João Belmonte e à Elsa Furtado agradeço imensamente o apoio na apurada revisão, bem como as ideias e críticas que me ajudaram a melhor estruturar este livro.

Uma menção especial também ao meu diretor, Pedro Santos Guerreiro, que tem sido um atento observador de toda a realidade das agências de rating e que prontamente aceitou escrever o prefácio deste livro, o que muito me honrou. Aos meus anteriores diretores, Sérgio Figueiredo e Nicolau Santos, agradeço tudo o que me ensinaram, bem como a tantos outros colegas e editores que tive até hoje.

Estou igualmente grata pelo apoio de outros colegas e amigos, nomeadamente Raquel Godinho, Patrícia Abreu, Paulo Moutinho, Hugo Paula, André Veríssimo, Sara Antunes, Ana Filipa Rego, Ana Luísa Marques, Edgar Caetano, Ana Laranjeiro, Ivânia Gaspar Gomes, Ana Dias, Rute Rolo, Isabel Monteiro e Lisa Pedro.

Ao Jornal de Negócios, que me ajuda a ir mais além. À Actual Editora, pela oportunidade de escrever este livro.

Para terminar, um eterno agradecimento à minha família, sempre presente em todas as horas. Aos meus pais, Fernando e Florinda, à minha irmã Sílvia, ao meu cunhado Luís, ao meu grande inspirador, Manuel, muito obrigada. Sem vocês, não haveria rating que me bastasse. Vocês são o meu 'Triplo A'.

ÍNDICE

PREFÁCIO	5
INTRODUÇÃO	9

1. O QUE SÃO AGÊNCIAS DE RATING — 11
   1.1. 'Yields', os juros e as obrigações — 13

2. PRINCIPAIS AGÊNCIAS — 17
   2.1. Outras agências — 20

3. COMO FUNCIONAM — 23
   3.1. Metodologia e clientes — 23
   3.2. Ratings solicitados e não solicitados — 25
   3.3. Preços — 27
   3.4. Vantagens do rating — 29
   3.5. Escalas de classificações — 29
   3.6. Importância do 'Triplo A' — 35
   3.7. Sinais numéricos — 37
   3.8. Outlook e Credit Watch — 38
   3.9. Outros indicadores — 39

4. CRISE MUNDIAL E ATIVIDADE DAS AGÊNCIAS
   DE RATING — 41
   4.1. Bolha do subprime — 42
   4.2. Sobe e desce dos juros — 43
   4.3. Criatividade do sistema financeiro — 44
   4.4. Ratings de topo e conflitos de interesses — 46

4.5. O fogo e as cinzas	49
4.6. Críticas da Europa	50
4.7. Os acrónimos e os protestos	53
4.8. Agência europeia de rating	54
4.9. Maior regulação	54
4.10. Críticas dos Estados Unidos	59
5. SUBLEVAÇÃO NO FACEBOOK	63
5.1. Papel das redes sociais	64
5.2. O "lixo" contra-ataca	65
5.3. Boicote à Moody's	66
5.4. Contestação em todas as línguas	68
6. ZONA EURO CONTINUA SOB PRESSÃO	71
7. CESSAÇÃO DO CONTRATO COM UMA AGÊNCIA	75
7.1. Perda de clientes	76
8. CULPAS MERECIDAS?	79
9. ACORDO DE BASILEIA III	83
10. CASAS DE INVESTIMENTO	85
10.1. Preços-alvo	87
10.2. Recomendações	88
11. INFLUÊNCIA DOS RATINGS NOS MERCADOS	93
11.1. S&P é a agência com maior efeito propagador nos mercados	95
12. AGÊNCIAS FAVORECEM QUEM LHES PAGA MAIS?	97
13. CONSIDERAÇÕES FINAIS	99
GLOSSÁRIO	101
AGRADECIMENTOS	103